Ⓢ新潮新書

西川 恵
NISHIKAWA Megumi

ワインと外交

204

新潮社

写真提供：AP Images（11頁、35頁、55頁、79頁、101頁、135頁、161頁、179頁、201頁）

はじめに

饗宴は外交の重要な道具立てである。

ここでいう饗宴とは、単なる食事ではない。料理、それと組み合わせたワインやシャンパンなどの飲物。ホストとゲストのスピーチ。テーブルでの話題。食後の室内楽や独唱会などの演出。儀礼やしきたりといったプロトコール（儀典）……。饗宴とは、このもてなし全体のことを指している。

饗宴にはさまざまな政治的シグナルやメッセージが、ときに明示的に、ときに黙示的に込められる。その意味で、饗宴は外交の道具立てであると同時に、形を変えた政治である、と言ってもいいだろう。本書は、この「饗宴外交」を、各国の首脳の具体的なもてなしを通じて、読み解いていこうという試みである。

かつての饗宴外交では、贅沢な食材が惜しげもなく使われ、これでもかというほど料理が出された。豪華絢爛で品数が多いほど、丁重なもてなしだった。

例えば一八九六年、フランスを国賓で訪れたロシア皇帝、ニコライ二世を歓迎する晩餐会がエリゼ宮（フランス大統領官邸）で開かれたが、この時には一八品の料理とデザート、八種類の飲物が食卓を飾った。この時代、この品数はさほど珍しいことではなかった。

第二次大戦後は、品数の多さで豪華さを競う時代ではなくなった。首脳外交が日常的になり、悠長に長時間テーブルの前に座っているようなことは許されなくなった。儀礼は簡素化し、品数も減らした実質が尊ばれるようになった。華美から洗練、豪華さからスリム化、という流れが世界的に定着した。

しかし、その後も饗宴外交は折々に変化を遂げてきた。最近の節目は、グローバリズムが全面展開する九〇年代の初め頃である。変化のキーワードは、「ヘルシー（健康的であること）」と「食の安全」だ。

「ヘルシー」で言うなら、九三年に就任したクリントン米大統領のヒラリー夫人が、バターや脂肪分たっぷりの典型的なフランス料理を作るフランス人料理長を解雇して、野菜中心のヘルシーなカントリー料理を得意とする米国人シェフをホワイトハウスの料理長に採用したのが象徴的である。また、本書の中でも触れるが、中国でも九〇年代初めに品数が絞られ、スープ一品と料理四品の「四菜一湯」が、外国の首脳を迎えるときのメニューの基本となった。また同時期、アルコール度数の高い蒸留酒の白酒《パイチュウ》も、メインの飲物からはずされた。

「食の安全」では、九〇年代半ば以降に多発する狂牛病（ＢＳＥ）や鳥インフルエンザが、大きなインパクトを与えた。牛の骨髄は狂牛病のリスクがあるとして使われなくなり、鳥インフルエンザが流行して以降、多くの国で外国の首脳に野鳥や鶏を出すのを控えるようになった。

以上のような大きな流れの中で、もう少し仔細に眺めると、興味深い動きが出ている。それは「普遍化」と「個別化」という、二つの方向性である。

「普遍化」は「世界標準化」と言い換えてもいいだろう。ロシアや中国では、西側のワインをテーブルに乗せたり、西側主要国の料理のエッセンスを自国の饗宴料理に取り入れている。従来、自国の伝統に則っていた饗宴を、いろいろな意味で普遍化することに意を注いでいるように見受けられるのである。先進国の洗練された饗宴のやり方を取り入れることで、大国にふさわしい装いを饗宴に付加しようとしているのだ。

「個別化」は逆に独自色を強める動きで、先進国に散見される。二〇〇五年、米国でブッシュ大統領のホワイトハウスが女性を、それもフィリピンからの移民を料理長に抜擢したのは、料理業界では革命的といっていい出来事だった。私は、日本でも近い将来、いまはフランスワインが出されている饗宴で、日本のワインが出されるようになると予測している。すでに外務省飯倉公館では、ほんの稀にだが、ゲストに応じて日本ワインが出されている。

グローバリズムは饗宴外交の世界をも大きく変容させつつある。ただ饗宴が首脳同士の仲を親密にし、ひいては両国関係、国際関係を滑らかにする外交の重要な道具立てであることに変わりはないのだ。

ワインと外交——目次

第1章

ブッシュ大統領が食べた「フレンチフライ」

再選されたブッシュ大統領は、真っ先に欧州に飛んだ
（2005年2月21日、ブリュッセルで行われた米仏首脳会談）

フレンチフライとカリフォルニアワイン

ベルギーの首都ブリュッセルは凍てつくような寒さだった。二〇〇五年二月二一日夜、ブリュッセルの中心街ジンナー通りにある米国大使公邸の前の道路には大勢の記者団がたむろしていた。公邸では米国のブッシュ大統領とフランスのシラク大統領の夕食会が開かれており、夕食会終了後に両大統領の談話をとろうと待っているのだった。

ブッシュ大統領は前年一一月の大統領選で再選され、明けて一月二〇日、二期目の政権をスタートさせた。そのわずか一ヵ月後、北大西洋条約機構（NATO）と欧州連合（EU）の本部のあるブリュッセルを訪問したのは、「欧州重視」のシグナルだった。

ブッシュ大統領の一期目の後半、米欧関係は対イラク武力行使の是非をめぐり、緊張をはらんだものとなった。「戦後最大の大西洋同盟の危機」とも形容された。フランス、ドイツが反対する中、米国は国連決議を経ないまま、英国など有志連合と戦争に踏み切り、フセイン政権を崩壊させた。

しかし、フセイン前大統領の支持基盤であるスンニ派や、外国から流入したイスラム過激派のテロが激化。米軍は復興どころか、治安維持にさえ四苦八苦するようになった。フランス、ドイツはそっぽを向き、NATOとEUの協力も得られなかった。欧州の一致した協力なくして、イラク情勢の安定は不可能なことが明らかになったのである。

一方、フランスとしても、いつまでも米国と角を突き合わせている訳にはいかなかった。政権交代や政治指導者の選挙は、外交関係を仕切りなおす良い機会である。ブッシュ大統領の再選は、まさにその機会だった。

再選が決まった〇四年一一月三日、シラク大統領は「再選を熱烈に祝福する」との書簡を送った。数日後、ホワイトハウスから駐米フランス大使に「大統領がシラク大統領と話したがっている」と電話が入った。とっさにフランス大使は「シラク大統領からも同様の要請があったところだ」と機転をきかせ、米仏両大統領の電話会談が実現した。

ここで改めてシラク大統領は再選の祝辞を述べ、ともに協力していこうと呼びかけた。ブッシュ大統領も早期に欧州を訪問する考えだと明かした。

明けて〇五年一月に行われたイラクの国民議会選挙は五八・三％の高い投票率となり、これも両者を近づける触媒となった。電話会談で二人は「選挙は成功」との見方で一致し、ブッシュ大統領はブリュッセルでシラク大統領を夕食会に招きたいと伝えた。シラク大統領は「喜んでお受けする」と応じたのである。

ベルギー到着翌日の二月二一日夜、ブッシュ大統領は米大使公邸にシラク大統領を迎え、夕食をとりながら会談した。メニューは次のようなものだった。

オマール海老のリゾット、トリュフのソースで
牛肉のフィレ、ボルドレーズ・ソースで
野菜サラダとフレンチフライ
チョコレートのアイスクリーム

ボルドレーズはフランスのボルドー地方風との意味で、バターでエシャロットを炒め、赤ワインで煮詰めたソース。つけ合せのポテトのフレンチフライは、イラク戦争直前、フランスに反発した米国が「自由《フリーダム》フライ」と言い換えたもので、ブッシュ大統領は「これはフレンチフライだ」と笑いながら口に運んだ。ワインは白、赤ともカリフォルニア産で、白はシャルドネ種、赤はカベルネ・ソーヴィニョン種のものだった。

料理を作ったのは公邸の料理人だが、メニューを決めたのはコロロゴス米大使。フレンチフライのつけ合せもそうだが、米仏の料理と飲物のマリアージュ（結合）を通して「両国の協力の素晴らしさ」を示そうとしたのだろう。大使も知恵を絞ったに違いない。

この日の午後、ブッシュ大統領はＮＡＴＯ加盟の首脳たちを前に演説し、第二期の米外交路線を示している。その柱は、①米欧提携の必要性、②強い欧州を米国は支持する、③自由と民主主義は必要だが、外から押し付けられない——である。とくに③では、フランスのノーベル賞作家アルベール・カミュの「自由獲得は長距離競走に似ている」という言葉を引用して、「この改革が一挙に実現すると期待してはならない」と諭した。

ここに一期目のブッシュ政権で大きな影響力を持っていたネオコン（新保守主義）の退潮を見ることは難しくない。ネオコンは、ＥＵが前年に一五ヵ国から二五ヵ国に拡大したことに警戒感を隠さなかったし、イラク戦争は、「武力による民主主義の実現」というネオコンの主張を実地に移したものだった。カミュの言葉の引用はフランスを意識したものだろうが、「民主主義の強制」に対する反省は、大きな変化である。

夕食後、待ち構える記者団の前に姿を現した両大統領は和気藹々だった。「シラク大統領は会う度にいい助言をくれる」とブッシュ大統領。記者団から「フランス大統領をいつクロフォード（テキサスにあるブッシュ大統領の私邸兼牧場）に招くのか」と質問が飛んだ。クロフォードに招かれるのは心を許したゲストだけだが、ブッシュ大統領は「いいカウボーイを探している最中だ」と、いま一つ意味不明のことを言って笑った。

ポルトガル産ではなくフランス産

翌二二日、ブッシュ大統領はNATO本部で加盟二六ヵ国の首脳会議をこなし、次いでEU本部で二五ヵ国首脳と会談した。米大統領はNATO本部は何度も訪れているが、EU本部に足を踏み入れたのは、EUの前身の欧州経済共同体（ECC）が創設（一九五七年）されて以来、初めてのことだった。これも欧州重視のシグナルだった。

その夜、EU本部の広間で、バローゾ欧州委員長主催の歓迎晩餐会が開かれた。

〈料理〉
オマール海老、野菜とマンゴを添えて
アイルランド産仔羊、アスパラガスとガレットを添えて
イチジクとアイスクリーム
〈飲物〉
シャサーニュ・モンラッシェ02年
シャトー・バタイエ95年

シャンパン　ボランジェ97年

饗宴に先立って、バローゾ欧州委員長が歓迎挨拶に立った。「米国大統領がＥＵ本部を訪問したこと自体、米国のＥＵに対する強い支持だと思う。欧州と米国は結束して新しい世界を築いていきたい」と述べた。ブッシュ大統領は答礼スピーチで「欧州と米国の同盟は過去の思い出の中にあるのではなく、二一世紀における安全保障の柱である」「欧州は二五ヵ国に拡大した。強い欧州は米国の利益にかなっている。われわれは手を携えて世界の課題に取り組んでいきたい」と強調した。

料理を担当したのは、ＥＵ本部の厨房をあずかる料理長、ミッシェル・アドン氏。世界コンクール第三位入賞など、数々の賞を獲得している料理人だ。同氏はいつものようにバローゾ欧州委員長に二種類のメニューを提案し、ワインについてはポルトガルかフランスのいずれかを選べるようリストを提出した。ポルトガルは同委員長の母国。饗宴で欧州委員長や議長国（半年ごとの輪番制）の国のワインを使うことはよくあることだが、このときは同委員長はフランスワインを選んだ。「米国だからフランスをぶつけたのではないですよね」と冗談半分に聞くと、「そんなことはない。料理との相性を考えての判断です」と笑った。

確かにブルゴーニュ地方のシャサーニュ・モンラッシェは、年代は若いがすでに飲みごろの白の辛口で、オマール海老とピッタリ合ったはずである。赤のシャトー・バタイエはボルドー地方メドック地区にあるポイヤック村の第五級。実力は格付けより高いといわれ、しかもポイヤックの赤に仔羊を組み合わせるのは美食の定石である。デザートに合わせたシャンパンのボランジェは、多くのシャンパンメーカーが第一次発酵にステンレスタンクを使っているのに対し、樫の小樽を使っている。第二次発酵にも年月をかけ、その手間は大変なものだが、それだけに秀逸なシャンパンだ。

禁酒をしているブッシュ大統領は、ミネラルウォーターで通した。それでも大統領が料理を褒めたことを翌日、アドン氏はバローゾ欧州委員長から聞かされた。

ベルギー滞在を終えたブッシュ大統領はこの後、ドイツ、スロバキアを訪問し、五日間の欧州歴訪を締めくくった。歴訪中、目についたのはブッシュ大統領の現実的な対応だった。イランの核開発問題では、英仏独のトロイカのイニシアチブを尊重し、トロイカとイランの交渉を見守ると明らかにした。ＥＵの対中武器禁輸解除問題では解除反対の立場を崩さなかったが、それ以上踏み込まなかった。ＥＵもイラク復興のために資金供与やイラクの軍や警察官の訓練支援を約束し、双方は協力してイラク問題に取り組んでいくことで合意した。違いは残しつつも、協力の土俵が作られたのである。

シャトー・ラフィット・ロートシルトとドン・ペリニョン

米国とフランスは国際政治で長年、鞘当てを演じているが、歴史的には深い因縁で結ばれている。一八世紀半ば過ぎ、米国が英国と独立戦争を戦ったとき、フランスは米国を財政的に支援し、多くのフランス人が新大陸に渡って、米国の人々と共に英軍と戦った。フランス義勇軍の司令官だったラファイエット侯爵（一七五七〜一八三四年）が埋葬されているパリの墓地には、毎年、米独立記念日（七月四日）に米大使が詣でるのが慣例となっている。

現代において両国を結びつけるものはノルマンディーである。第二次大戦末期、連合軍の上陸作戦が行われたノルマンディー海岸。米独立戦争とは逆に、フランスの解放、そして自由と民主主義のため、若きアメリカ人たちがノルマンディーの戦いに馳せ参じた。この上陸作戦で亡くなった米兵士九三八七人の遺体が、海岸の高台にあるコルビル米軍墓地に埋葬されている。

イラク戦争前年の〇二年五月二六、二七の両日、ブッシュ大統領はフランスを公式訪問した。シラク大統領が再選を決めた直後で、9・11での米欧連帯の余韻はまだ濃厚に残っていた。両首脳はエリゼ宮（フランス大統領官邸）で会談後、共同記者会見にのぞんだ。質問が一段落すると、ブッシュ大統領は「シラク大統領は『エリゼ宮の料理は他に比べるものがないほど美味しい』と言っている。今晩、彼がわたしにそれを証明する機会を与えることになるが、どれだけ話がはずむかでそれがわかるだろう」と、会場を笑わせた。そのメニューである。

〈料理〉
フォアグラ、ソーテルヌワインのゼリー寄せとともに
仔羊のロティー、トリュフとともに
サラダ
チーズ
チョコレートのシンフォニー
〈飲物〉

シャトー・リューセック89年
シャトー・ラフィット・ロートシルト86年
シャンパン　ドン・ペリニョン93年

　ワーキングディナーとはいえ国賓レベルのもてなしで、シラク大統領の言葉と違わぬ内容だった。シャトー・リューセックはボルドー地方ソーテルヌ地区の甘口貴腐ワインで、フォアグラと相性がいい。格付け二番手で傑出した白だ。ゼリーもこのワインから作り、味の共鳴を図った。メインのシャトー・ラフィット・ロートシルトはボルドー地方メドック地区の最高級赤ワイン。ドン・ペリニョンはシャンパンメーカーのモエ・エ・シャンドン社が一九三六年に英国進出を記念して造り、いまでは各国の最高レベルの饗宴で出されている。

　このときの訪仏では、まず二七日のノルマンディー訪問が設定された。五月最後の月曜日は米国のメモリアル・デーで、この年は二七日がその日に当たっていた。例年、米大統領はアーリントン墓地など無名戦士の墓に詣でるのが慣わしだが、ブッシュ大統領は本国の追悼を欠席する代わり、ノルマンディーのコルビル米軍墓地を慰霊に訪れる演出をした。

その日、ノルマンディーは小雨が断続的に降り、濃霧がかかっていた。ブッシュ大統領とローラ夫人に、シラク大統領とベルナデット夫人が同行した。海岸を望むコルビル米軍墓地で、ブッシュ大統領はこう語った。

「人類の未来のために亡くなったあなた方を我々は決して忘れない。最近もタリバンやテロ組織との戦いに、米欧の兵士が倒れた。彼らは正義のために身を賭したのであって、これによって人々は圧制と悲痛から解放された」

一方、シラク大統領は「米欧は表面的な違いを越え、共通の価値のために戦ってきた。現在も米欧はその価値を守るため連帯し、テロと戦っている」と語った。

9・11、そしてアフガニスタン戦争とつづく「テロとの戦い」に、二人はノルマンディー上陸作戦を重ねて「自由とヒューマニティーのための戦い」という意味付けを与えたのである。ただブッシュ大統領が「テロとの戦い」に力点を置いたのに対し、シラク大統領は「米欧結束の重要性」を繰り返した。このころ米国が単独行動主義（ユニラテラリズム）を強め、対イラク武力行使へ走り出すのではないかとの懸念がシラク大統領にはあり、「欧州との協調を」とクギを刺したのである。

実際のところ、このころからブッシュ政権はイラク攻撃の検討をはじめていた。そして〇三年三月、米国はイラク戦争へと突き進んだ。欧州は米国を支持する英国、スペイン、イタリア、東欧と、武力行使に反対するフランス、ドイツに分断される。

ワインに関するバッキンガム宮殿の慣例

イラク戦争後、欧米の首脳が初めて一堂に会する場となったのは、〇三年六月一日から三日までフランスのエビアンで開かれた主要国首脳会議（サミット）だった。イラクで大規模戦闘が終結して一ヵ月後のことである。

首脳間の亀裂は深かった。初日の一日、訪仏したブッシュ大統領はシラク大統領と短時間の首脳会談を行ったが、翌日、中東和平問題を理由に日程を一日繰り上げ、エジプトに向かった。滞在わずか二六時間。サミットの夕食会や、最終日の首脳協議も欠席した。一年前、共にノルマンディーを訪れたときの親密さは影も形もなかった。

その後、イラクの治安が悪化するに伴い、各国で反米感情は盛り上がり、ブッシュ大統領は訪問する先々で抗議の激しいデモに迎えられた。イラク戦争をともに戦った最友好国の英国も例外ではなかった。

この年の一一月一九日から二一日まで、ブッシュ大統領は国賓として訪英した。一八日夜、ヒースロー空港に到着したブッシュ大統領とローラ夫人を、チャールズ皇太子が出迎えた。そこからヘリコプターで直接、バッキンガム宮殿に降り立った夫妻は、宿舎となる宮殿一階の中庭を望む居間に入った。

翌一九日朝、宮殿内で歓迎式典が行われた。本来、国賓の式典はロンドン市内の陸軍総司令部前で行われ、そこからバッキンガム宮殿まで、エリザベス女王と国賓が、馬車パレードをして、沿道の人々の歓迎に手を振って応えるのが慣例だが、万一を考え中止となった。市内の移動も防弾の大統領専用車キャデラックで、猛スピードで走り抜けた。

米大統領が英国を国賓として訪問したのは、実はこれが初めてだった。一般的な公式訪問と違い、元首同士が両国の友好を誓う華やかな国賓訪問は儀式性が高く、両国民に友好をアピールする格好の機会である。エリザベス女王は即位以来、三回、米国を国賓訪問している。一方、米大統領がこれまで国賓として訪英しなかったのは「贅沢な歓迎を受けることを望まなかった米側の事情」（バッキンガム宮殿）だったという。

ブッシュ大統領が国賓訪問に踏み切った背景には、イラク戦争を共に戦い、イラク復興で二人三脚を組む両国が、歴史的に特別の関係で結ばれていることを内外に示す狙いがあった。一九日夜、一七〇人を招いて女王主催の歓迎晩餐会がもたれた。

〈料理〉
ジェルミニ風ポタージュ
カレイのロースト、香草風味
ひな鶏の胸肉、バジリコ風味
アイスクリーム

〈飲物〉
シェリー　ラ・イナ　フィノ
ピュリニー・モンラッシェ96年
シャトー・グリュオ・ラローズ85年
シャンパン　ヴーヴ・クリコ　ゴールドラベル95年
ポート　フォンセカ70年

英女王は「9・11で米大統領が見せた指導力は英国民の称賛を呼び起こしました。いま両国はより豊かな、安全で、自由な世界を創るべくテロと戦っております」と最大の賛辞を贈り、シャンパンの杯を上げた。

食前酒はスペインの辛口のシェリー。魚のカレイに合わせてブルゴーニュ地方の白ワイン、ピュリニー・モンラッシェ。ひな鶏に合わせた赤のグリュオ・ラローズはボルドー地方メドック地区にあるサン・ジュリアン村の第二級で、内容、年代ともいい。一八年経っているが長寿のワインで、飲み頃だったはずである。食後酒のフォンセカは七〇年という古いヴィンテージ。果実が熟したような甘いポートで、バニラのアイスクリームにはぴったりである。興味深いのは、最大の同盟国である米大統領にさえ最高レベルのワインが出されていないことだ。予算を抑えるためもあって、最高のワインは大人数の饗宴では避け、女王と国賓だけのプライベートな饗宴のときに出される。

滞在中、ブッシュ大統領はブレア首相と会談。またウェストミンスター寺院の無名戦士の墓に花束を捧げ、イラク戦争で戦死した英兵士の家族と面会したが、外出は最小限に抑えられた。英紙は「見えない訪問者」と書いた。テロを警戒し、国賓訪問では恒例の一般市民との交歓が全面的に省かれたことを皮肉ったのだった。

記念式典で腕を振るったノルマンディーの名シェフ

フランス・ノルマンディー地方の中心地カーン市で、レストランを経営するエバン・ボーチエ氏にエリゼ宮から電話が入ったのは〇四年三月のことだった。「六月六日のノルマンディー上陸作戦の六〇周年を記念して行われる式典の昼食会をお願いしたい」。電話の主は、執事長のジャッキー・アルベールと名乗った。

旧連合国を中心に、一六ヵ国の国家元首・政府代表の計四〇人を超えるＶＩＰが一堂に会する昼食会である。「一生にあるかないかの名誉な話でした」と同氏は振り返る。

ボーチエ氏は一〇代で料理界に入り、各地のレストランで修業を積んだ。九五年、二九歳の若さで地元カーン市に戻り、レストラン「プレッソワール」を開いた。夫婦で頑張った甲斐あって〇三年、レストラン格付けガイド「ミシュラン」で一ツ星を獲得。これが同氏に白羽の矢が立った理由だろう。

ボーチエ氏は前菜、主菜、合わせて一五品の料理を作った。この中から執事長は八、九皿を試食。最後はシラク大統領のベルナデット夫人が決めた。

〈料理〉

フォアグラと半熟卵、シードル風味で
ノルマンディーの仔羊、トマト甘煮とナス焼き添え
地元のチーズ
チョコレートケーキ
〈飲物〉
シャトー・クリマン89年
シャトー・ラトゥール89年
シャンパン　テタンジェ・コント・ド・シャンパーニュ95年

ノルマンディーの食材をふんだんに使った料理で、これに合わせ、フォアグラにはシャトー・クリマン。シャトー・ディケムに次ぐボルドー地方ソーテルヌ地区の甘口ワインの逸品だ。シャトー・ラトゥールもボルドー地方メドック地区の最高級の赤ワイン。興味深いのは白、赤とも八九年のヴィンテージで揃えたこと。エリゼ宮のソムリエは「ベルリンの壁が崩壊し、冷戦が終結して新しい世界が誕生した区切りの年にしました」と語る。

これまでノルマンディーでは一〇年ごとに区切りの式典がもたれてきたが、敗戦国のシュレーダー独首相、ロシアのプーチン大統領が出席するのは初めて。五月にEUに加盟した東欧諸国からも参加する。東西対立が終焉した八九年は、参加国にとって象徴的な年である。

六月六日の当日。カーン市役所の大広間に長さ一六メートルのテーブルが置かれた。中央に向かい合ってホスト・ホステス役のシラク大統領夫妻が座り、最上席となる大統領の右手はエリザベス女王、左手はオランダのベアトリックス女王。シラク大統領夫人の右手はブッシュ大統領、左手はプーチン大統領。これを中心軸に、残る三六人の首脳が配された。シュレーダー首相にはシラク大統領の指示で上席に近い席が与えられた。

この日の朝、米仏両大統領は二年前に一緒に訪れたコルビル米軍墓地で並んで演説した。シラク大統領は「フランスはナチの蛮行のくびきからわが国を解放した米国の至高の犠牲を忘れない。米国のおかげで欧州が平和、自由、民主主義を取り戻した」と述べた。また9・11に触れ、「フランスは米国と人道的な価値観を共有し、米国人の側に立っている」と両国関係修復を強調した。

ブッシュ大統領は「われわれの偉大な自由連合は強固であり、依然として必要とされている」と指摘。列席している上陸作戦に参加した年老いた元兵士らを称え、「ここで戦ったすべての解放者に栄誉を与えたい。同じことが起これば、米国は友人のために再び立つだろう」と述べた。六〇周年という節目に、ノルマンディーという米仏両国の共通財産は、両国を再び接近させる触媒の役を果たした。

昼食後、ボーチエ氏は、大広間に出て首脳らの拍手を浴びた。一緒に写真におさまったブッシュ大統領は、「美味しくて食べすぎた。あすから一〇マイル走って減量しなければ」と笑わせた。

席次に頭を悩ます国連の儀典担当者

冒頭述べたブリュッセルの米仏両首脳の夕食会から七ヵ月。国連創設六〇周年を記念して、国連総会特別首脳会合が〇五年九月一四日から一六日まで、ニューヨークの国連本部で開かれ、約一七〇ヵ国の首脳が集まった。

初日、加盟国のトップを切って演説したブッシュ大統領は、ルーズベルト元大統領の言葉を引用し、「世界の平和は一人の人間、一つの党、一つの国家では構築できない」と国連の存在意義を強調した。国連を巻き込まないとイラク復興もおぼつかない。多国間主義重視のその融和的な姿勢には、単独行動主義を突き進んだ二年前のイラク戦争直前、「国連は無能な討論クラブに成り下がるのか」と激しく批判した面影はなかった。

この日、アナン国連事務総長主催による歓迎昼食会が本部二階の「ノースラウンジ」で開かれた。昼食会の準備を担当したのは、国連儀典官のドミニク・パルシェさん。フランス人女性で、この道二〇年以上のベテランである。

「これまでで最も大変な準備でした。国連の儀典の難しさは多国間関係で考えねばならないことです。二国間関係で考えればいい一国の儀典とは違います」

最も苦労したのが席次。招待客は二三〇人。その内訳は、国王や大統領といった国家元首八〇人、首相クラス四五人、残りが国連代表部大使などだ。この招待客の席は、序列に応じて決めれば済むものではない。多国間主義、多文化主義を標榜する国連として、一〇人掛けの各テーブルに五大陸を代表する首脳をまんべんなく配するとともに、特定言語や特定宗教が固まるのも避けなければならない。

また勘案しなければならないのが参加国の要望。「〇〇の国とは同じテーブルにしないでほしい」「××の元首の近くに座らせてほしい」といった〝注文〟は毎度のことだが、今回も数多く寄せられた。さらに「出席する」と通知していた国が、間際になって取り消したり、その逆もある。国連大使の出席を予定していた北朝鮮は、最後の段階で理由を言わずに欠席を通知してきた。

席次が仕上がったのは一四日当日の午前三時。席次には各国の威信と名誉がかかっているから、パルシェさんはそれからも点検に点検を重ねた。

難しかったのはイスラエルのシャロン首相の座るテーブルだった。結局、同席者はルクセンブルク、ボスニア・ヘルツェゴビナ、ナウル、タンザニア、中央アフリカ、トーゴ、ジブチ、ハイチとなった。イスラエルと関係がいいか、中立的な国で占められた。「アジアがいませんね」と言うと、「大洋州のナウルが代表しています」。抜かりはないのだ。

メインとなるアナン事務総長のテーブルは次のような顔ぶれだ。

最上席となる事務総長の右手はブッシュ大統領。国連本部のホスト国として、ここは米大統領の定席である。次の上席である事務総長の左手はラトビアのビケフレイベルガ大統領。小国だが、数少ない女性元首として破格の席次を与えられた。

残る七人は、プーチン大統領（ロシア）、胡錦濤国家主席（中国）、ムベキ大統領（南アフリカ）、アブドラ国王（ヨルダン）、ユドヨノ大統領（インドネシア）、エスコバル大統領（チリ）、ホァン・カルロス一世国王（スペイン）。五大陸の地域バランス、そして宗教、言語は偏らないという鉄則も守られている。国連安保理常任理事国でも、元首を送り込まなかった英国とフランスは、このテーブルに加われなかった。

昼食の冒頭、アナン事務総長とブッシュ大統領が、それぞれ歓迎と答礼スピーチをし、白ワインで乾杯をした。国連では乾杯は白ワインで、シャンパンは使われない。

〈料理〉
サーモンとマスの燻製
仔羊とトリュフ、ドーフィーヌ地方のポテトグラタンとインゲン豆を添えて
ドーム型チョコレートケーキ

〈飲物〉
プイイ・フュメ02年
シャトー・グランムリネ02年

料理はいつものように国連本部に入っているレストランが担当。ワインも提案に基づ

いて儀典課がＯＫを出した。いずれもフランス産で、プイイ・フュメはロワール地方の白の辛口、シャトー・グランムリネはボルドー地方ポムロール地区の赤で、飲みやすい。

各テーブルに二人の給仕がつき、言葉の通じない首脳同士用に、約四〇人の通訳が配された。「儀典の仕事は指揮者に似ています。一つでも不協和音があったら失敗ですから」と語っていたパルシェさんは、広間の片隅で進行を見守った。

普段の緊迫したやりとりがウソのような和やかな雰囲気。これまで反目してきたブッシュ大統領とアナン事務総長は隣同士の席で、ぎこちない笑顔を見せながらも言葉を交わした。国連に対する融和的演説と、大統領自らの昼食会への出席。米国の国連に対する「和解のトーン」（ニューヨーク・タイムズ紙）は明白だった。

ただ、この昼食会には、日本の小泉純一郎首相も、町村信孝外相も姿がなかった。日本がドイツ、インド、ブラジルと組んで目指した国連安保理常任理事国拡大のＧ４案が挫折し、それへの無言の抗議とも受け取れた。

第2章

飲まれなかった
シャトー・マルゴー

お客様がイスラム教徒だったので……
（2005年11月28日、天皇陛下主催のモロッコ・モハメド国王歓迎晩餐会）

大きな成果を生んできた「皇室外交」

日本で見るのと外国から見るのとで、その実態認識に大きなズレがあるものに皇室外交がある。

日本では、天皇、皇后両陛下の外国訪問は政治とは無関係の国際親善であって、両国の友好を深めることにその目的があると説明される。皇室の政治利用をできるだけ排し、儀礼的活動にとどめおきたい思いがそこにはある。しかし日本側の思いはどうであれ、ホスト国側は天皇を日本の元首として迎え、訪問に国際親善を超えた政治的意味を付加し、天皇陛下のお言葉や一挙手一投足に日本の国の意思を見ようとする。日本という国が、しばしば皇室を通して認識されることは知っておいていい。

皇室外交の役割は、国際親善（友好増進）と和解（慰霊）、そしてこの二つを通じての日本に対する理解の促進であるように思う。実際、首脳ではなしえないような政治的、外交的成果を皇室外交が生み出してきたのはまぎれもない事実である。このことはもっと日本の人たちに知って欲しい。

タイ国王即位六〇周年記念式典

タイのプミポン国王が即位六〇周年を迎えた二〇〇六年六月、タイ全土で華やかに記念式典が行われた。現役の君主では世界最長の在位で、天皇、皇后両陛下をはじめ、世界各国から王族、皇族が招かれた。プミポン国王は現チャクリー王朝八代の兄が急死した一九四六年、一八歳で即位している。国王に対するタイ国民の敬愛の念は深く、即位六〇周年にあたる六月九日、炎天下にもかかわらず、国王の色である黄色の服を着た五〇万人を超える市民が宮殿前広場を埋め尽くした。

現在、世界に君主を戴く国はタイを含め二九ヵ国ある。タイ政府は二八ヵ国の王室、皇室に招待状を出し、日本を含め二五ヵ国が招待に応じた（欠席はサウジアラビア、ネパール、サモアの三ヵ国）。このうち元首クラスは、日本の天皇、皇后両陛下をはじめ、スウェーデンのグスタフ国王夫妻、ルクセンブルクのアンリ大公、ヨルダンのアブドラ国王、ブルネイのボルキア国王、トンガのツポウ国王など一四ヵ国。残る一一ヵ国は王族が代理出席した。

プミポン国王に各国王族らが祝意を伝える「慶祝の儀」、バンコクを流れるチャオプラヤ川での王室御座船パレード……。こうした諸行事のなかで、祝賀の頂点を画したのは一三日にもたれた、新装なった王宮での四〇〇人を招いた晩餐会だった。

料理を担当したのはバンコクの最高級ホテル「ジ・オリエンタル・バンコク」のノルベルト・コストナー総料理長。イタリア出身で、七四年以来、同ホテルの厨房の指揮をとってきた。「鳥インフルエンザもあってチキンは避けました。苦労したこと？　王宮の室内温度が二四度ですから、料理が冷めないように出すことでした」。最後はシリキット王妃がメニューにＯＫを出した。

〈料理〉
ザリガニのサラダ
野菜のコンソメスープ
ニジマス、甘口ソースで
仔牛肉のロースト
アップルケーキ
〈飲物〉
シャンパン　マム
シェリー　ティオぺぺ

パヴィヨン・ブラン03年
シャトー・コスデストゥルネル98年

イタリア料理を基本とし、ワインは白赤いずれもフランス・ボルドー地方のもの。パヴィヨン・ブランは、メドック地区で赤が最高の第一級に格付けされているシャトー・マルゴーが造る希少な白ワイン。赤のシャトー・コスデストゥルネルはメドック地区サン・テステフ村の格付け二級。長旅にも耐えるタフなワインで、稠密度が高い。オリーブオイルでマリネした仔牛肉に合わせた。ここのシャトー（館）はオリエンタルなパゴダ様式で知られ、ボトルのラベルにもそれが印刷されている。それもこのワインが選ばれた理由の一つだろう。

各国王族、皇族の序列について、タイ政府は国の大小とは関係なく在位期間の長さを基準とし、すべての公式行事の席次はこれに従って決められた。

最長老はトンガのツポウ国王（四一年）、次いでブルネイのボルキア国王（三九年）、スウェーデンのグスタフ国王（三三年）、スワジランドのムスワティ国王（二〇年）、そして今上天皇（一七年）とつづく。ただプミポン国王の右手にあたる最上席が与えられたのは二番目のブルネイの国王だった。タイとブルネイの王室の緊密な関係から、トンガの了解を得ての措置だった。

日本の天皇、皇后は五番目の序列だったが、プミポン国王は私的な場では特別の配慮を示した。例えば、チャオプラヤ川で行われた、装飾を凝らした五二隻の王室御座船パレード。伝統装束に身を包んだ二一〇〇人の海軍兵士が見せる一糸乱れぬ櫂さばきを、プミポン国王夫妻と各国の王族、皇族は岸から観覧したが、プミポン国王夫妻は自分たちの間の特別席を天皇、皇后両陛下に用意した。諸行事が一段落したあと、両陛下がアユタヤを訪問されたときは、国王夫妻の次女シリントン王女を同行させ、しかもその夜、バンコクに戻られた両陛下を私的な夕食会に招かれた。

国王の心遣いは、両国の皇室と王室の交流の深さと無縁ではない。天皇は皇太子時代に六回タイを訪れ、天皇に即位してからは今回が二回目。即位後、二回訪れた国はタイだけである。また秋篠宮もナマズや鳥の研究でタイと関係が深く、タイ王族も折々に来日している。タイの有力英字紙ネーションは、両陛下がタイを離れた直後、「日本皇室のタイ王室へのバンザイ」というタイトルの社説を載せた。

「日本の天皇、皇后はタイの人々の心を虜にした。二五ヵ国の君主の中でも、両陛下のたたずまいは際立っていた」「王室と皇室の絆は、タイ・日関係の発展に大きな役割を果たしている。……王室と皇室の絆、そして両国民の交流。この確固とした基礎の上に、両国の友好と協力はある」

〇一年に誕生したタクシン政権は対中関係を重視し、タイの日本離れと、中国の影響力浸透がいわれてきた。しかし天皇、皇后両陛下の訪問は、タイの人々の間に改めて日本への親近感を醸成し、「やはり日本はタイにとって重要な国なのだ」と再認識させた。長年培われてきたタイ王室と日本の皇室の交流が、タイ・日関係の見えざる大きなバックボーンとなっていることを関係者に知らしめたのである（式典から三ヵ月後、タクシン首相の外遊中、タイ軍部がクーデターを起こし、首相を解任した）。

全員起立、乾杯なし

モロッコのモハメド六世国王が〇五年一一月二七日から三〇日まで国賓として来日した。二八日午前、東京・元赤坂の迎賓館で、天皇、皇后両陛下をはじめ皇太子さま、小泉純一郎首相らが出席して歓迎式典が行われた。

その夜、宮中晩餐会がもたれた。天皇陛下は歓迎挨拶で、最近の両国の交流、とくに皇室と王室の頻繁な往来に触れた。モハメド国王は皇太子時代の八七年に初来日し、八九年の昭和天皇の大喪の礼にも参列した。今上天皇の即位の礼では国王の弟のラシッド王子が来日し、愛知万博ではララ・サルマ王妃が来日した。日本からは皇太子、高円宮と同妃が訪問している。こうした交流を具体的に挙げた上で、「貴国が内政外交の両面にわたって着実な成果を収めて、内外から高い評価を得ていることに敬意を表します」と述べた。そして最後に「国王陛下のご健勝を祈念します」と結ぶと、招待者約一一〇人が起立した。乾杯は行われなかった。

モロッコ側は事前に、「われわれの国では公式饗宴ではスピーチのあと、乾杯は行わず、起立するだけ。このプロトコール（儀典・儀礼）でやってほしい」と日本側に要望し、日本側も了承していた。答礼スピーチに立った国王は、両国がより緊密に協力し合うことを訴えた。スピーチが終わると、今度も全員が起立した。

この夜のメニューである。

〈料理〉
清羹《せいかん》（洋風玉子豆腐を浮かせたコンソメ）

舌平目クルージェット添え
海の幸のテリーヌ
牛フィレ肉の蒸し焼き
サラダ
アイスクリーム
果物（メロン、苺）
〈飲物〉
シャブリ　レ・ブランショ93年
シャトー・マルゴー88年
シャンパン　ドン・ペリニョン95年

白のシャブリ、赤のマルゴーとも最高格付けのワイン。ドン・ペリニョンもこういう場で出されるものとしてはトップクラスである。日本が皇室と交流のあるモロッコの国王をどう見ているかの一端がここに表れている。

ただモロッコ側の事前の要望で、国王をはじめモロッコ側招待者にはワインは注がれなかった。イスラム教の戒律を守るためというのが理由だった。このため日本側招待者だけがこの素晴らしいワインのお相伴にあずかったのである。晩餐会の翌日、小泉首相と会見した国王は、日本の国連安保理常任理事国入りに理解を示した。

皇室とモロッコを結んだ一人の外交官

皇室とモロッコ王室の交流が深まったのはここ二〇年のことで、そこには一人の仕掛け人がいる。元駐モロッコ日本大使で、宮内庁の東宮侍従長を務めた故山下和夫氏だ。山下氏は皇太子のお世話をする東宮侍従長のとき、皇太子と雅子さまの極秘デートを実現させ、お二人を結びつける重要な役割を果たしたことで知られている。

山下氏は敬虔なカトリックで、「外務省一のフランス語使い」とも言われた。外務省に入省するとフランスで語学研修をし、サイゴン（南ベトナム当時の首都）、パリ、マドリードなどの在外公館に在勤したあと、八四年に駐モロッコ大使に任命された。七〇年代末から八〇年代にかけ宮内庁に出向し、今上天皇が皇太子時代に侍従として仕えている。この経験があったからだろう、駐モロッコ大使となってから皇室と王室の交流に考えをめぐらすようになる。

そこにはモロッコに対する山下氏なりの認識があった。首都ラバトを訪れた日本の政治家、経済人に、山下氏は繰り返しこう説いている。

「地中海の南岸に親欧米派の安定したモロッコが存在することは、ヨーロッパ南翼の安全保障に大きなプラスになっています。間接的に日本も恩恵を被っている訳で、日本はこうした国を応援しなければなりません」

モロッコには一五、六世紀にスペインから移り住んだユダヤ人が約六万人住んでおり、国王の顧問にはユダヤ人もいた。イスラム教国でありながらユダヤ人に寛容な社会で、アラブとイスラエルの仲介を果たすなど、柔軟で現実的な外交政策をとっていた。

三年間の在勤中、山下氏はモハメド皇太子の日本訪問の可能性を探り続けた。しかしフランスのかつての植民地で、欧米志向の強いモロッコ政府や王室は、最初の頃はまったく関心を示さなかったという。モハメド皇太子自身、パリで学び、フランス語で書いた博士論文のテーマも「欧州共同体（ＥＣ）と北アフリカ協力」だった。

しかし山下氏は皇太子と面識を得ると、アジアを知ることがいかにモロッコにとって重要かを説いた。これが八七年三月、日本政府の招待に応じたモハメド皇太子の公賓としての初訪問につながった。

この時、当時のハッサン二世国王は、皇太子が日本のことを勉強した上で訪問すべきだと考え、「適任者をモロッコに差し向けて欲しい」と山下氏に要請。山下氏は考えた末、知り合いでフランス語が堪能な舛添要一・東大助教授（現・参院議員）に依頼した。舛添氏は約一週間、ラバトの王立大学で、皇太子を含め一四、五人の学生に、日本の近代史、政治、経済などについての講義を行った。舛添氏は、「みな優秀な学生で、東大よりもよほど活発な議論が交わされました。この皇太子なら立派な国王になるだろうと感じました」と振り返る。

こうして実現したモハメド皇太子の訪問を、日本側は破格のもてなしで迎えた。中曽根康弘首相はわざわざ宿舎の迎賓館まで出向き、会談を行った。さらに昭和天皇がモハメド皇太子と会見し、宮中晩餐会を催したのである。外国の皇太子のレベルだと、午餐会かお茶会が通例であるのに、である。

さらに二年後の八九年二月、昭和天皇の大喪の礼でモハメド皇太子が再度来日した。ハッサン二世国王が自分の名代として派遣したのだが、当時の両国のさほど太くない政治、経済関係からすると、王位継承権を持つ皇太子を派遣したのは異例のことである。

外務省退官後の八九年六月、山下氏は東宮侍従長に任命された。二度目の皇室へのご奉公だったが、山下氏は皇室とモロッコ王室の交流の仕掛け人を引き続き担った。

九一年九月、皇太子さまがモロッコを訪問した。当時、一部には「モロッコはいま皇太子さまが行かねばならないほど優先順位の高い国なのか」という異論があったといわれ、実現には山下氏の周到な根回しがあった。

侍従長として随行した山下氏は、堪能なフランス語を駆使して皇太子さまをハッサン国王を初めとするモロッコの王族に引き合わせ、またモロッコの国情、地政学的な重要性をじかに見てもらうなど、両国の皇室と王室の交流を深める上で大きな役割を果たした。その山下氏は皇太子のご成婚を見届けて九五年に宮内庁を退官。翌年、六七歳で急逝したが、その播いた種は実をつけはじめる。

九九年、ハッサン二世国王が七〇年の生涯を閉じ、日本を二回訪れているモハメド皇太子が王位に就いた。これは、両国関係をレベルアップする上で強い追い風となり、〇五年一一月の国賓訪問につながったのである。

この訪問には後日談がある。国王が迎賓館に滞在中、その食事の賄いのために、ルシェヘブ駐日モロッコ大使は東京・銀座のレストランに勤める料理人・大沼秀明さんを臨時に雇った。同大使は数年前、駐カナダ大使をしていた時、時折、日本大使公邸に招かれていた。この時、日本大使公邸の料理人をしていたのが大沼さんだった。大沼さんはその後カナダから帰国し、ルシェヘブ大使も前後して東京勤務となったことで、再会した。

「大沼さんの腕前はカナダで知っていました。日本料理に目がない国王も、大沼さんなら満足して貰えると思ったのです」

大使の予想通り、刺身や寿司、てんぷらなどの日本料理に国王は大満足だったが、離日前、「あの料理人を王宮でお抱え料理人としたい」と、思いがけないことを言った。

「臨時で来てもらっているので難しいのです」と言う大使に、国王は「キミは私の要望をこれまでもいろいろ叶えてくれた。今度もそうだと期待している」と、ニヤリと笑いながら念を押したのだ。大沼さんは、最初は躊躇していたが、最後は大使の熱意にほだされてOKした。〇六年二月、国王専属のお抱え料理人となってラバトに渡った。皇室とモロッコ王室の交流は、思いがけない展開を遂げたのである。

イラン大統領とプロトコール

外国の国賓が訪日したとき、日本はよほどのケースを除き、プロトコールで相手側の要望を入れる。モロッコ国王が訪日した時は乾杯を省き、グラスにワインを注がなかった。ゲスト国の宗教、風俗、習慣に敬意を払うという立場からである。

ただ、これは必ずしも国際的に通用しているルールではない。郷に入れば郷に従う、という考えも当然あり得る。ゲストはホスト国のプロトコールに従うべきだとの立場をとっている国も少なくない。これで揉めに揉めたのがフランスとイランである。

九九年四月、フランス訪問を予定していたイランのハタミ大統領が、直前になって訪問を中止した。理由はワインをめぐる対立だった。エリゼ宮の晩餐会で、イラン側は「イスラム教徒はアルコールを飲まず、ボトルを目にするのも嫌う。テーブルに出さないで欲しい」と求めた。一方フランス側は「何を飲むかは本人が選択すればいいことだが、饗宴にワインを出すのはプロトコールで決まっている」と譲らなかった。

エリゼ宮ではアルコールを飲まない招待客にはソフトドリンクを用意するが、ワインも注ぐ。飲む飲まないは本人の自由だ。しかしイラン側は「イスラム教で禁じられているアルコールを出すこと自体、主賓を侮辱する行為だ」と反発した。穏健派のハタミ大統領としては「西側に譲歩して、イスラムの教えを破った」と保守派から突き上げられるのを避けるためにも譲れない一線だった。対立は解けず、訪問は中止となった。

同年一〇月、妥協が成立した。歓迎晩餐会は行わず、代わりに午後にお茶の時間がセットされた。シラク大統領とハタミ大統領が、双方の随員と共にコーヒー、紅茶に、クッキーをつまみながら歓談するという前代未聞のものとなったのである。

そのハタミ大統領は、二〇〇〇年一〇月三一日から一一月三日まで国賓として訪日している。事前の両国の打ち合わせはどうだったのか。

「イラン側は大変友好的で、すべて日本側にお任せしますという姿勢でした。やりにくいということはまったくありませんでした」

携わった担当者はそう語る。この直前の中国・朱鎔基首相の訪日準備では、中国側が神戸を訪れる朱首相のため、その時間、新大阪駅止まりしかない新幹線の列車を新神戸駅まで延長して運転するよう執拗に求めた。中国の態度と比較して、イランは大人だったとの思いが担当者にはあった。

一一月二日、天皇陛下主催の宮中午餐会がもたれた。「女性は公的行事に参加すべきでない」というイスラムの戒律を厳格に守るイラン代表団には女性メンバーはおらず、当然、夫人も同伴しなかった。このため日本側からも女性は入らない、男だけの饗宴となった。出席者は天皇陛下、ハタミ大統領を中心に高円宮、森喜朗首相、ハラジ外相ら三〇人。日本はイラン側に配慮してノン・アルコールにした。

まず食事前の歓談の席では、食前酒の代わりにフレッシュ・オレンジジュースとトマトジュースが供された。次いで食事に移ったが、メニューは以下の通りである。

清羹（コンソメスープ）
鮭酪焼（サケのバターソテー）
牛フィレ肉の香草焼
サラダ
温菓
果物

午餐会ではスピーチは省かれた。昼とあって、品数は少なめで、軽いメニューである。

牛肉はイスラム教に則って血抜きしたハラル・ミートという特別の肉を都内の精肉店から調達した。参加者のグラスには水とオレンジジュースが注がれた。通訳を介した会話ははずみ、参加した一人はハタミ大統領について「発言もいろいろ示唆に富み、高い見識をもった人物だと思いました」と語る。

同大統領は九八年の国連総会で「文明の対話」を提唱した。文明の多様性を認め、対話による共存を図ろうと、米ハンチントン教授の「文明の衝突」を逆手にとったこの主張は多くの支持を集め、国連は〇一年を「文明間対話の年」と定めた。同大統領の知的構想力の深さ、広い世界観、進歩性を、国際社会に見せたのだった。

日本が同大統領を国賓で招いたのも、イラン改革派の同大統領を支援することで、イランを国際社会に引き込む狙いがあった。九七年に同大統領が当選して以降、欧州と日本は、イランとの関係改善に乗り出しており、同大統領の日本訪問は、先進国ではイタリア（九九年三月）、フランス（同一〇月）に続くものだった。日・イ両国は経済協力で合意し、日本はアザデガン油田の開発・操業の優先交渉権を得た。

イランにとって日本は、同じ先進国でも、イタリア、フランスとは違った意味合いをもっていた。欧米諸国と緊密な関係にあったパーレビ王制時代の反動で、革命後のイランの外交的軸足はアジアや第三世界にシフトした。日本はその一つだった。

午餐会がもたれた日の朝、大統領は東京工業大学で「日本の詩とイランの神秘主義」のタイトルで興味深い講演を行っている。

「アリストテレスの哲学は、人間を『話す合理的な動物』と定義づけましたが、イスラム神秘主義や禅は沈黙の卓越性と優越性を説いています」「自分たちの固有の文化と思想の泉を探求することによって、テクノロジーの浸透の中でもアイデンティティーを喪失することはないのです」

哲学的、思索的表現を繰り出しながら、ハタミ大統領は言葉に絶対的な信を置く西洋に対して、日本の禅やイランの神秘主義は、沈黙から多様な示唆と寓意を汲み取ること、相手の言うことにまず耳を傾けることが対話の始まりであり、相手の立場を重んじるのは東洋、アジアの風土であること、またグローバリズムにあっては、それぞれ固有文化を尊重することが大事であることなどを説いた。これは欧米の価値秩序に対するアジアからの価値秩序構築の提唱であり、共通の文化的土壌をもつ日本とイランの戦略的提携こそが枢要であるとの呼びかけだった。

ハタミ大統領は日本滞在中、元赤坂の迎賓館に日本のイラン研究者数人を招いて懇談している。そのうちの一人、岡田恵美子・中央大学教授（当時）は、日本に現存する最古のペルシア文書について話をした。

一二一七年、日本から中国にわたった僧・慶政が、中国福建省泉州の港で南蛮風の三人の異人と出会い、揮毫を求めて師の明恵上人への土産として日本に持ち帰った。当時は経文と思われたが、近年の研究でペルシア文字と判読され、一部は一一世紀のペルシア古典叙事詩「王書（シャーナーメ）」の一節と判った。残る一文については長年不明だったが、数年前、岡田教授がたまたま翻訳を手がけていた一一世紀のペルシア詩人グルガーニーの「ヴィースとラーミーン」の一節と符合することを発見した。

両国の文化交流の一史実を披露した岡田教授は、日本、イラン両国では伝統的に詩というものが思索を表現する重要な手段であって、その点で両国は共通の文化的土壌をもつこと、そして今後とも両国の文化交流を広げ、掘り下げていくことの大切さを指摘した。ハタミ大統領はこの話に喜んで「その通りです」と深くうなずいたという。

しかしイランを国際社会に軟着陸させようとの日欧の外交イニシアチブは結実しなかった。日本訪問の翌〇一年、同大統領は再選されたが、二期目は保守派との確執に足をとられ、指導力を喪失していった。これは大統領を支持してきた若者、知識人を離反させた。〇五年、強硬派のアフマディネジャド大統領が当選し、イランは強硬路線に立ち戻るのである。

第3章

オランダ女王のガッツポーズ

天皇陛下のオランダ訪問は、外交当局の長年の懸案事項だった
（左はベアトリックス女王。2000年5月23日）

日蘭両国民の認識ギャップ

天皇・皇后の外国訪問の準備は周到に進められる。二〇〇〇年のオランダ訪問は、その周到な準備が功を奏した格好の例と言える。

天皇、皇后両陛下は二〇〇〇年五月、一三日間にわたってスイス、オランダ、フィンランド、スウェーデンの四ヵ国を訪問された。この歴訪の最大の焦点はオランダだった。戦後、天皇陛下が国賓としてオランダを訪問されるのは初めてで、この実現は両国政府にとって長年の懸案でもあったからだ。

日本が戦争をしたABCD（米、英、中、蘭）のうち、昭和天皇は米国（A）と英国（B）を国賓で訪れ、今上天皇は九二年に中国（C）を国賓訪問した。オランダ（D）が残ったのは第二次大戦中、インドネシアにおける日本軍のオランダ人虐待問題が長年、両国のノドに刺さった骨となっていたからだ。

第二次大戦中、日本軍がオランダ植民地のインドネシアを占領した際、約九万人のオランダ人婦女子を含む民間人と、約四万人の戦争捕虜を強制収容所に入れた。ビルマ（現ミャンマー）の鉄道建設や、日本に連行して九州の炭鉱で強制労働に従事させた戦争捕虜を含め、食料不足や風土病で約二万二〇〇〇人が死亡している。死亡率は約一七

％に上り、比率ではシベリア抑留で亡くなった日本人戦争捕虜（約一二％）より高い。

昭和天皇は七一年に訪欧された際、オランダに非公式で立ち寄られたが、このとき激しいデモに見舞われた。天皇、皇后両陛下の乗った車がデモ隊に取り囲まれ、水の入った魔法瓶が投げつけられ、車のフロントガラスにひびが入った。両陛下が泊まられたホテルにもデモ隊が押しかけた。この出来事は日本にトラウマとなって残った。

日本とオランダの戦後処理は、サンフランシスコ平和条約と、一九五六年に両国の間で交わされた議定書によって、法律上は解決していた。しかしシコリがオランダ側に残ったのは、戦争中だけでなく、戦後のいきさつも絡んでいた。

第二次大戦後、オランダ人植民者は一切合財を失ってインドネシアから帰国した。オランダ政府は本国のユダヤ系住民やロマが大戦中被った被害に対して手厚い補償を行ったが、引き揚げ者に対しては何の補償もなかった。なかにはインドネシアの独立戦争鎮圧のために再び動員された者もいた。このため引き揚げ者の間に「政府から冷たい仕打ちを受けた」「自分たちは邪魔者扱いされている」という鬱屈した感情が残り、これが日本への恨みをより深いものにしていた。ちなみにオランダ政府が謝罪の意味を込めて、引き揚げ者に一時金（一人当たり二五～三〇万円）を支払ったのは〇一年になってからである。

日蘭両国民の認識ギャップもあった。日本にとって、オランダは鎖国の時代にヨーロッパから文物と情報をもたらしてくれた国であり、風車とチューリップの国である。しかしオランダ人で鎖国時代の日蘭交流を知っている人はほとんどおらず、日本という存在が具体的な姿を見せたのは第二次大戦の際の敵として、だった。

ベアトリックス女王は八〇年に即位し、八七年に日本訪問を計画した。しかし、このときは計画が事前に漏れ、戦争被害者を中心に強い反対論が起きて頓挫している。九一年になってやっと国賓として来日したが、このとき宮中晩餐会で異例の厳しいスピーチを行った。旧日本軍がインドネシアでオランダの兵士や一〇万人以上の民間人を抑留した具体的数字を挙げ、「これは日本ではあまり知られていない歴史の一章です。多数の同胞が命を失い、帰国できた者も、その経験は生涯、傷跡となって残っています」「私たちはあの戦争の記憶を避けて通るべきでないと思います」と述べられたのだ。

このとき女王は晩餐会に先立って、両陛下に自分が行うスピーチ内容を伝え、国内の反日感情を増幅しないためにも、戦争の出来事に言及しない訳にはいかない旨を説明している。これより前の八九年の昭和天皇の大喪の礼のときも、オランダ政府は国民感情を考慮して王族の出席を見送り、外務大臣が代わりに出席した。その際にもベアトリックス女王は、両陛下に「両国関係のため、あえて自分が出席しないほうが良いと判断した」と手紙で伝えられた。

女王が両陛下に率直に、こうした本音を伝えることができたのも、戦後、皇室とオランダ王室が密接な交際をつづけ、信頼関係を培ってきたことが大きいだろう。そして日蘭の皇室と王室は、両国の友好増進を図りたいとの願いを共有してきた。両陛下の訪蘭実現に向け、ベアトリックス女王自らイニシアチブをとったのもその表れである。

戦争被害者と対話した日本大使

ベアトリックス女王から日本側に、両陛下を招きたいとの招待状が届いたのは九七年だった。問題は訪問の時期だったが、オランダ船「リーフデ号」が豊後の国（大分県）に漂着して四〇〇周年に当たる二〇〇〇年に日蘭交流四〇〇年記念事業が展開されることになっており、この時期が最適というのが両国の共通認識だった。

天皇、皇后両陛下の訪蘭が具体化する前から、両国のノドに刺さった骨を抜くための努力も続けられていた。

一つは、戦争被害者の代表との月一回の日本大使公邸での対話である。オランダの戦争被害者で作る「対日道義的賠償請求財団」は、日本政府に個人賠償を求めて、九四年からハーグにある日本大使館前で月一回の抗議デモを行っていた。九四年に赴任した佐藤行雄大使は、代表者を大使室に招き入れ、対話を持った。最初はぎこちなかったが、次第に本音を言い合う仲になり、日本にとっては被害者側の意図を探る有力なパイプとなり、これは九六年に交代した池田維《ただし》大使に引き継がれた。

もう一つは、戦争被害者やその家族を日本に招く「平和友好交流計画」である。当時の村山内閣はアジアの国を対象にこれを発足させたが、池田大使はオランダにも適用するよう申請し、認められた。これも地味ながら、市民感情のシコリを解きほぐす役割を果たした。オランダの戦争被害者の孫である女子高校生が夏休みに一ヵ月間、日本人家庭にホームステイをしたことがある。帰国後、この戦争被害者から池田大使宛に届いた手紙には、「孫から日本の話をいろいろ聞きました。自分と日本の間の戦争はこれで終わったという気持ちになれました」とあった。

両国がもう一つ抱えていたのが慰安婦問題だった。インドネシア占領中、日本軍によって約二〇〇人のオランダ人女性が慰安婦にされた。村山内閣は九四年に「アジア女性基金」を設立し、韓国、フィリピン、台湾で、元慰安婦の女性を対象とした「償い事業」を開始していた（元慰安婦を特定できないインドネシアでは高齢者施設建設事業）。池田大使はオランダを「償い事業」の対象国に含めるよう要請し、これも認められた。

九八年七月、「償い事業」のオランダ側受け入れ実施委員会（ＰＩＣＮ）が設立された。慰安婦認定から実際の支援までを行うオランダ側の組織である。委員長には退役陸軍大将で、戦争被害者の団体のとりまとめ役でもあったホベルト・ハウザー氏が就いた。同氏はインドネシアで生まれ、少年時代、日本軍の強制収容所で四年間を過ごした。終戦間際、一緒に収容所にいた母親を栄養失調で亡くし、戦後、帰国すると叔母に育てられた。長じて陸軍士官学校に入学し、七六年から九〇年まで陸軍大将を務めた。

同氏はＰＩＣＮの委員長を引き受けた理由を私にこう語っている。

「元慰安婦の人たちが償いを受ける意思を明らかにしている以上、われわれが『受けるべきでない』と言う権利はない。確かに一部に『日本政府が直接補償すべき』という意見はあった。しかし医療・福祉支援は日本政府の拠出金であり、政府のお金であるのは間違いない」

戦後、オランダ人の元慰安婦たちは、オランダに戻った人もいれば、戻らなかった人もいる。このためPICNは世界各国のオランダ大使館を通じ、日本の「償い事業」を公報した。そして申請のあった中から七九人を元慰安婦と認定し、一人当たり約三〇〇万円の医療・福祉支援を行った。ちなみにこのうち四人は、日本兵にホモ・セックスの相手をさせられた男性だった。

物品やお金はPICNのオランダ人担当者から直接、元慰安婦に手渡されたが、その際、橋本龍太郎首相のコック首相に宛てたお詫びの手紙のコピーが添えられた。深い自責の念を表明したこの手紙に、元慰安婦たちは「自分たちの苦しみを、日本政府はやっと認めてくれた」と何よりも喜んだという。ちなみに日本の医療・福祉支援を拒否したのは二人だけだった。

それでも残ったデモの可能性

この「償い事業」が行われているさなかの九九年、ハウザー氏はベアトリックス女王に王宮に呼ばれ、予想もしていなかったことを女王から依頼された。

「来年、わが国に日本の天皇、皇后両陛下を国賓としてお迎えします。お二人が戦没者記念慰霊塔に献花されるとき、随従役を引き受けていただけませんか」

随従役とは天皇、皇后両陛下の脇を守り、戦没者記念慰霊塔に先導する役である。収容所体験をもち、軍や戦争被害者の間で人望のあるハウザー氏を両陛下の随従役とすることで、戦争被害者団体の反対を抑えたいとの意図もあったのだろう。

しかし、より深いところを忖度するなら、戦争被害者と両陛下が結びつく象徴的な機会こそが慰霊塔への献花の儀式であり、ハウザー氏にその象徴的な場における陪席者となってもらうことで、日蘭の和解を成し遂げたいとの女王の思いがあったように思われる。ハウザー氏はどう答えたか。

「お受けすると即答しました。私は日蘭関係の過去と未来の架け橋となる役目を、女王陛下から授けられたのだと悟りました」

オランダの世論は王室派と共和派に分かれ、インドネシアからの引き揚げ者は多くが王室派である。ハウザー氏が女王じきじきに随従役を頼まれたということは、ベアトリックス女王が日本の天皇、皇后両陛下を迎えるに当たって並々ならぬ決意を抱いていることを暗黙のうちに示し、これはメッセージとなって反日的な世論に静かに浸透していった。オランダ側の準備を間近で見ていた池田氏は、「女王が両陛下の受け入れのため払われたご努力には頭が下がる思いでした」と振り返る。

戦争被害者との対話、戦争被害者の子供や孫の日本への招待、慰安婦問題の一定の解決、そして女王の決意。外堀は徐々に埋められていったが、まだ不確定要素があった。戦争被害者団体が依然、組織だってデモをする可能性を否定していなかったからだ。

訪問を三ヵ月後に控えた二〇〇〇年二月、コック首相が来日し、小渕恵三首相と最後の詰めを行った。会談後、小渕首相はオランダの戦争被害者に対するお詫びの親書を手渡すとともに声明を発表し、オランダ人戦争被害者に言及して、九五年の村山談話の「痛切な反省」と「心からのおわび」を改めて確認した。コック首相も「これによって両国は過去を乗り越え、未来志向の関係になる」との談話を出した。オランダの戦争被害者を念頭に置いた日蘭両政府の共同行動だった。

オランダの戦争被害者の団体は幾つかあるが、多くはこの声明を評価し、組織としてデモを行わないことを決定した。最強硬派の「対日道義的賠償請求財団」も、「女王が招いた客人に失礼をするということは、女王に失礼なことをすることになる」と述べ、天皇陛下の訪問自体には反対しないとの立場を表明した。ただし個人賠償の要求をアピールするデモは排除しなかった。

結局、戦争被害者の出方は不確定要素のまま残った。大規模な組織だったデモはしないことはほぼ分かったが、個々人がどのような抗議行動をするかまではつかみ切れなかった。そしてこれにどう対応するかで、日本大使館と本省の間で軋《きし》みが生じた。天皇、皇后両陛下の訪欧の首席随員を務める橋本龍太郎元首相は、外務省OBを隣国ベルギーに待機させるよう指示した。デモが荒れたときは、ハウザー氏を同席させ「いまのデモはわれわれの仲間がやったことではない」と言わせようとしたのだ。

これに激怒したのが池田大使だった。戦争被害者団体との地道な対話を通じて信頼関係を築いてきたのに、日本側がそのようなことを準備していると分かったら逆効果になる。「現場の空気を知らない策」として、池田大使は蹴った。実は、池田大使は当時、駐中国大使の有力候補だったが、翌〇一年に駐中国大使に任命されたのは阿南惟茂・内閣外政審議室長で、この人事には「橋本元首相による池田氏への意趣返し」との憶測が流れた。

女王による歓迎晩餐会

五月二三日、四日間のオランダ訪問のため、天皇、皇后両陛下は政府専用機でアムステルダム郊外のスキポール空港に到着した。空港にはベアトリックス女王と夫君のクラウス殿下が出迎えた。天皇、皇后両陛下はアムステルダム王宮に入った後、最初の行事で、最大の焦点だった王宮前の戦没者記念慰霊塔の献花式に臨んだ。

王宮前のダム広場には陸軍の儀仗兵が威儀を正して整列し、約二五〇〇人の市民が見守っていた。両陛下にベアトリックス女王、コック首相、アティン・アムステルダム市長が付き添い、両陛下の後ろに軍服の礼装姿でハウザー氏と、これも女王の依頼で随従役を引き受けた退役軍人のバウマン氏が控えていた。

静寂の中を、両陛下は慰霊塔に進み出て花輪を供えられ、黙禱した。

ハウザー氏が振り返る。

「両陛下はまず一礼した後、慰霊塔に歩を進められた。そして花を置かれ、深く黙禱された。かつて私は強制収容所で、日本の方に向かって皇居遥拝を毎朝やらされていた。その天皇がオランダ人犠牲者に真摯に黙禱を捧げられている。私には忘れられない光景だった」

恐らく一分以上は経っただろう。「長い長い黙禱だった」とその場に居合わせた人たちは異口同音に語っている。この一部始終はオランダ中にテレビで同時中継された。

ダム広場は共和国時代のタウンホールの建物で囲まれており、準備段階で池田大使が地元警察に確認したところ、窓は約二〇〇〇あった。もし誰かがその一つから反日的な垂れ幕を下げたり、拡声器で妨害すればすべてご破算である。そういう緊迫した一瞬だった。しかし何事も起きず、献花式が終わったとき、厳粛な感動がそこに居合わせた人々の心を満たした。ベアトリックス女王の周囲にいた人の話によると、献花式が終了したとき、女王はいかに一分間が長く感じられたかを話し、目には涙が光っていたという。

その夜、王宮で両陛下歓迎晩餐会が開かれたが、食前酒のカクテルタイムで、ベアトリックス女王から両陛下にインドネシアの元抑留者五組が紹介された。さりげなく双方を引き合わせ、元抑留者の思いを両陛下に聞いてもらう場を設けたのだ。

献花式で両陛下の警護に付き添ったハウザー氏夫妻もその一組で、女王から「きょうの昼、両陛下の随従をされた将軍です」と紹介された。天皇陛下は「随従していただいてどうもありがとう」とお礼を述べられた。

ハウザー氏の夫人もインドネシア育ちで、強制収容所で両親を亡くしていた。同氏は「両陛下は私たちの体験をいろいろ聞かれた。妻は涙をためて皇后陛下と額をくっつけるようにして話をしていた。それを見て、私は胸が一杯になった」と語る。

晩餐会会場は王宮の「市民の間」。高さ二六メートルの天井に六基のシャンデリアがきらめき、正装の日蘭関係者ら招待者二〇〇人を照らし出した。

冒頭、ベアトリックス女王が立ち、英語で静かに歓迎のスピーチをした。

日本とオランダの四〇〇年にわたる交流の長さは、アジアとヨーロッパの歴史の上で、特別のものであるということから説き起こし、五隻の船のうちリーフデ号（オランダ語で「愛」の意）だけが日本に着いたことは、日蘭交流は「愛」のもとにはじまったこと、ただ事実がすべてこれに照応した訳でなく、第二次大戦で多数のオランダ人が被害者になり、その痕跡は永久に消えないこと、日本国民も戦争最後の日々は、恐ろしい結果に見舞われたことにも触れ、将来への眼差しが過去によって曇らされてはならないと述べた。女王はある賢人の「歴史の役割は、思い出すことのみではなく、将来への意味を与えることにある」という言葉を引いた。

日本国民の被害にも言及した今回のスピーチは、インドネシアの戦争被害者に触れた九一年のときと比べて、ずっと穏やかなトーンだった。女王の「両陛下と皇室、そして日本国民の栄えある将来に」という結びの言葉に招待者が唱和して、シャンパンのグラスが上げられた。

次に、女王に代わって天皇陛下が立たれた。

やはりリーフデ号の到来から説き起こし、オランダを窓口として日本が得たヨーロッパの知識が、その後の日本の基礎を築いたこと、開国後は灌漑、治水工事の分野でオランダ人技師が招かれ、政府顧問として活躍したこと、これを踏まえて、先の大戦について戦火を交えることになったのは「誠に悲しむべきこと」で、多くの犠牲者が生じ、いまなお戦争の傷を負いつづけている人々のあることに「深い心の痛みを覚えます」と述べられた。その上で、「戦争による心の痛みを持ちつつ、両国の将来に心を寄せておられる貴国の人々のあることを私どもはこれからも決して忘れることはありません」と語られた。

天皇陛下のスピーチは一〇分という異例の長さで、最後に「女王陛下と王配殿下のご健勝とオランダ国民の幸せを祈って」と述べられ、シャンパングラスを上げた。

メニューは次の通りだった。

〈料理〉

ロブスターのカクテル、キャビア添え、ライムソースで

鳩のコンソメ
鹿肉のロースト、タイムソースで
チコリとインゲンとアーモンド風味ポテトのフライ
チョコレートのムース
〈飲物〉
ピュリニー・モンラッシェ96年
シャトー・ラ・ポアント88年
シャンパン　テタンジェ・ブリュット

ピュリニー・モンラッシェはブルゴーニュ地方の秀逸な白ワイン。ロブスターに白ワインは当然だが、ピュリニー・モンラッシェにライムソースの相性はいい。シャトー・ラ・ポアントはボルドー地方ポムロール地区の赤ワインである。88年という年は、「力強く濃厚で、トリュフの香りがする官能的な味わい」と評価されており、しっかりした鹿肉に合わせて選ばれたと思われる。テタンジェは切れがよく、すっきりしながら優雅な味わいのある素晴らしいシャンパンだ。

広間の一角ではハーグ王立音楽アカデミーのメンバーが音楽を奏で、晩餐会は和やかな雰囲気のうちに終わった。退出する両陛下を見送るため、主賓とベアトリックス女王が去ると、大広間には安堵感と充足感が流れた。最大の山場だった初日を無事終えたという思いは、準備に携わった両国関係者に共通したものだったが、女王も同じだったのだろう。両陛下を見送られて戻ってきたベアトリックス女王は、満面笑みを浮かべ、両腕を軽く上げて、ガッツポーズのような仕草をして見せたのだった。

劇的に好転したオランダ人の対日感情

抗議デモがなかった訳ではない。先の「対日道義的賠償請求財団」は訪問自体には反対しないと表明したが、個人賠償を要求しつづけるメンバーは、プラカードを掲げたりして、両陛下の行く先々で静かなデモを行った。

翌二四日にも、ちょっとした騒ぎがあった。両陛下がハーグの首相府を訪れた際、戦争被害者のデモ隊約一五〇人が車列に向かって罵声を浴びせたのだ。さらに垂れ幕を掲げようとして警官と小競り合いになった。しかしそれ以上の騒ぎにならずに終わった。

ハーグ市内の歴史的建造物「ビネンホフ・騎士の館」でもたれたコック首相主催の昼

食会のメニューは次の通りだった。

〈料理〉
アスパラガスのサラダ、トリュフのドレッシングで
鴨の胸肉、ハチミツソース風味で
杏のアイスクリーム、杏のサバヨン・クリームで

〈飲物〉
マコン・ヴィラージュ98年
コロナス　ミゲル・トレス97年

昼ということで軽いメニューで、ワインもそれに合わせている。マコン・ヴィラージュはブルゴーニュ地方の白ワインで、果実の香りのする早飲みタイプである。コロナスはスペイン・カタロニア地方の赤ワイン。ブドウはカベルネ・ソーヴィニョン種で、ジャムやなめし皮のような複雑な香りをもっていて、鴨のハチミツ風味には合っただろう。
その夜、アムステルダム市内のオークラホテルに、ベアトリックス女王夫妻ら両国関

係者約四三〇人を招いた両陛下答礼の晩餐会が立食で開かれた。

このとき別室で、元慰安婦問題にかかわってきた女性のハマー・モノド・ド・フロワドビーユさんが皇后陛下に引き合わされた。フロワドビーユさんは、ハウザー氏が奥さんの健康問題で途中でPICNの会長の座を下りた後、代わって会長に就き、元慰安婦の医療、精神面でのケアーをしていた。

フロワドビーユさんは皇后陛下に、いまなお日本に行った二人のわが子を捜しつづけるオランダ女性の話をした。彼女はインドネシアで一三歳のときに慰安婦にされ、二回妊娠した。最初は堕胎し、二回目のときには目の前で日本兵に赤ん坊を殺された。その後、ある将校との間に二人の子どもができたが、終戦で将校は子どもを日本に連れ帰った。現在、彼女は七〇代だという。

「皇后さまは目に涙をためて私の手をとり、この不幸な女性に対する気持ちを私に伝えられました。大変、感動しました」

ベアトリックス女王は四日間、両陛下が訪れる公的な場所に同行し、そうでない場合は女王の妹のマルグリート王女が同行した。王族が一緒にいることで、デモなど不測の事態が起きるのを防ごうとしたのである。

三日目の二五日、ライデン大学でちょっとしたハプニングがあった。両陛下が構内を歩いていると、大学の寮の窓から三人の女子大生が身を乗り出すようにして手を振った。両陛下も手を振って、立ち止まって言葉を交わされた。このときの模様がオランダの新聞一面に写真で大きく載ったのだ。その前日には、小児身体障害者施設で女児が皇后陛下から離れようとせず、皇后陛下が微笑みながら女児を抱いている写真も新聞を飾った。

こうした写真は、両陛下に対するオランダ人の印象を劇的に変える効果を持ったと、オランダのジャーナリストは私に語っている。戦争被害者でない一般のオランダ人も、両陛下に対して漠とした印象しかなかったが、こうした写真や報道を通して人間味溢れる様子が伝わったのである。

二六日、四日間の滞在を終え、両陛下はフィンランドに向けてオランダを離れた。ベアトリックス女王は側近に「いろいろな国から国賓をお迎えしましたが、これほど難しかったのははじめてでした。うまくいって本当によかったです」と述懐されたという。両国は過去に一区切りをつけ、一つ新しいレベルへと関係を進めたのである。

紀宮さま、アイルランドを訪問

皇族の外国歴訪は、天皇、皇后両陛下ほどには注目されない。しかしホスト国は皇族の訪問も決して軽く見てはいない。二〇〇〇年に行われた紀宮さま（現・黒田清子さん）のアイルランド訪問を見てみよう。

この年の一〇月、紀宮さまはスロバキア、スロベニア、アイルランドの三ヵ国を公式訪問された。このうちアイルランドは紀宮さまにとって、ご両親からいろいろ聞かされてきたなつかしい国だった。

今上天皇と皇后両陛下は、まだ皇太子、皇太子妃だった八五年にアイルランドを公式訪問され、このときヨーロッパの片隅にあるこの小国の美しい風土と素朴な人々に深い感銘を受けたといわれる。とくに美智子妃はアイルランドの音楽と文学に造詣が深く、この旅行の後、まだ高校生だった紀宮さまにアイルランドの話をいろいろされた。

美智子妃を通じて紀宮さまがアイルランドへの思いを深められたことは想像に難くない。訪問の半年前、皇居でのある内輪の集まりで、紀宮さまは美智子妃にささげて古いアイルランド民謡を歌われている。一七世紀、盲目のハープ奏者のカロランが作曲した「アイリーン・アルーン（愛しきアイリーン）」という曲で、招待客の一人は「大変お上手で、声がおきれいでした」と語っている。

この紀宮さまの訪問を、アイルランド側で先頭に立って采配したのがデクラン・オドノバン駐日大使（当時）である。

来日するまでの一二年間、本国と英国・北アイルランドのベルファストで、北アイルランド和平という生々しい問題に携わってきた大使は、日本では一転して文化交流と相互理解という、地味だが大きなテーマに取り組んできた。なかでも在任中の大きな仕事となったのが紀宮さまの公式訪問の準備だった。

「オドノバン大使は本国政府にこの訪問の意義を上手に説明し、アイルランド政府は大使の意見を全面的に受け入れました」

当時、駐アイルランドの横尾和子日本大使（現・最高裁判事）はこう私に語っている。オドノバン大使が本国に説明したのは、天皇、皇后両陛下が皇太子、皇太子妃だったころ、アイルランドともった親密な関係が、日本におけるアイルランドのイメージを大きく好転させたこと、また日本の人々の皇室に対する尊敬の念をアイルランド政府としても大事にすることが両国関係には重要である、という点である。

実際のところ、アイルランド政府は日本側が驚くほど、心のこもった温かいもてなしで紀宮さまを迎えた。マカリース大統領はダブリンの大統領官邸でわざわざ昼食会を催し、食事前には大統領自ら官邸の庭を案内し、一五年前に今上天皇、皇后両陛下が訪問されたときに記念植樹された桂の木を、紀宮さまにご覧いただいた。いまでは四メートルにも成長したその木を、紀宮さまは感慨深げに見上げられたという。

アハーン首相もお茶会をもった。この席では、さまざまな鳥の絵が描かれたケーキの取り皿が用意された。山階鳥類研究所の非常勤研究助手で、鳥類にお詳しい紀宮さまを考えてのことだった。しかも首相自ら「これにケーキをとられたらいかがでしょう」と、カワセミの絵柄の一枚を手渡された。紀宮さまがカワセミの研究論文を執筆されているのを知っての演出でもあった。ここでもオドノバン大使の周到な情報収集が効いた。

横尾大使主催の歓迎晩餐会にはハーニー副首相が出席し、アイルランド国内の行く先々には必ずアイルランド政府の閣僚が同行し、案内役をかって出た。アイルランド政府総出の歓迎だった。横尾大使は「心温まるもてなしで、紀宮さまもすっかりアイルランドが気に入られたようでした」と語っている。

ところで歴史家でもあるオドノバン大使は、当時「最もエネルギッシュに活動する駐日大使の一人」（外務省幹部）として評判だった。日本文化への造詣も駐日大使の中で三本の指に入った。ＮＨＫテレビの相撲解説に出演したこともあるし、俳句も作る。日本語は話さず英語での作句だが、「英語でも五七五の音節を守るべき」という正統派だ。

独身の大使は休暇になると、自分で車を運転して日本各地を旅行し、句をひねった。

園芸は昔からの趣味で、都内のマンションに入っている大使公邸の殺風景なベランダも、来日してから竹や梅、盆栽や灯籠を配し、日本庭園に変えた。園芸と外交の共通点について、「共に必要とされるのは忍耐。きちんと手入れすれば最後はいい結果が得られます」と語っている。紀宮さまの訪問という大任を果たした大使は、一年後の〇一年一〇月、六年という異例の長い日本在勤を終え、駐スペイン大使に転任した。

離任に際して、大使は日本の秋を句に詠んだ。

Maple beauty clothes/Quiet hills in russet gold/Calmness in my heart
(音もなく　黄金に染まる　もみじ山)　※駐日アイルランド大使館訳

第4章

美食が支える欧州統合

ＥＵ議長国は、メニュー作成に知恵を絞る
（2004年5月1日、ダブリンで行われた欧州連合拡大の記念式典）

ヨーロッパ拡大記念式典

ヨーロッパの初夏は一日ごとに陽が長くなる。緯度の高いアイルランドは、夕方でも太陽はまだ高い。柔らかい日差しが澄明な空気の中にきらめいていた。

二〇〇四年五月一日夕。アイルランドの首都ダブリンにある面積七一二ヘクタールの広大なフィーニックスパークで、ヨーロッパ拡大記念式典がはじまろうとしていた。欧州連合（EU）に新たに一〇ヵ国が加わり、二五ヵ国体制になるのを祝う式典である。

アイルランドが主催するのは、同国が〇四年前半のEU議長国だったからだ。人口四億人を超える巨大なEU誕生を、ヨーロッパの西のはずれにある人口三九〇万人の小国アイルランドで祝うという対照も面白い。ふだん国際政治であまり注目されることのない同国にとって、歴史的な式典を主催することは名誉なことだった。

午後五時半、式典が始まった。二四ヵ国首脳とEU欧州委員会のプロディ委員長を前に、アイルランドのマカリース大統領が挨拶した。「きょうヨーロッパの新しい一章が始まりました。一〇ヵ国の加盟によって欧州連合は格段に強化され、自由で繁栄した新たなヨーロッパが誕生したのです」。乾いた空気に観衆の拍手が響いた。

新しく加盟する一〇ヵ国は、ポーランド、ハンガリー、チェコ、スロバキア、スロベニア、バルト三国（エストニア、ラトビア、リトアニア）、キプロス、マルタ。キプロスとマルタを除く八ヵ国は、中・東ヨーロッパの旧社会主義国である。

欧州統合五二年の歴史で、これほど多くの国が一度に加盟したことはなく、「大拡大」とも形容された。しかし旧社会主義国は自分たちの加盟を、「拡大」（enlargement）ではなく、「統合」（unification）であると強調する。「拡大」はある国が同じ価値体系に加わること。それに対し「統合」は異質の国が別の価値体系の中に入っていくことだという。そこにはEU加盟によって、名実ともに社会主義の残滓を払拭し、ヨーロッパの新しい価値の下に自らを同化させていくのだ、という気持ちがにじんでいた。

マカリース大統領のスピーチにつづいて、九五年にノーベル文学賞を受賞した詩人のシェーマス・ヒーニー氏が登壇し、この日のために作った詩「バルタナ祭の烽火《のろし》」を朗読した。バルタナとはゲール語（アイルランド語）で五月一日のメーデーのことである。

アイルランド古代の『ラワ・ギャヴェラ（侵略史記）』によると、この国に最初に住み着いた謎の民族は、バルタナの祭日にアイルランドに上陸したといわれる。この伝説の日にEU拡大記念式典が行われた。ヒーニー氏はアイルランドの伝説を重ねて、新しい欧州の誕生を新作の詩で祝ったのである。

ＥＵの式典での詩の朗読とはいかにもアイルランドらしい演出だった。この国は人も知る「詩人と作家の島」である。二〇世紀にノーベル文学賞を受賞した作家を挙げるなら、ウィリアム・イェーツ、バーナード・ショー、サミュエル・ベケット、それにヒーニーの四人がいる。さらに彼らに劣らぬ名声を持つジェームス・ジョイス、オスカー・ワイルド、小泉八雲の名で日本に馴染みの深いラフカディオ・ハーンと、この小国からは世界的な文学的知性が輩出してきた。

アイルランド政府がＥＵの式典では珍しい詩の朗読という演出を考えたのも、こうした文化的土壌と無縁ではない。半年の任期中、ＥＵ議長国が自国で主催する会議や式典で、自分たちの誇る文化や伝統を演出に使うことはよくある。コーラス隊による「歓喜の歌」の合唱が、フィーニックスパークの森に流れ、二五ヵ国とＥＵの二六の旗がポールに上がった。アイルランドらしい簡潔で質実な三〇分の式典だった。

アイルランドがシャトー・ランシュ・バージュを出したわけ

首脳らはマカリース大統領主催の晩餐会に出席するため、フィーニックスパークの一角にあるビクトリア朝の館ファームレーハウスに移動した。午後七時すぎ、晩餐会がスタートした。そのメニューである。

〈料理〉
サーモン三種
仔鴨のロースト、エンドウ豆、春ポテト、人参のつけ合せ
野苺とカスタードクリーム

〈飲物〉
テオドール・ベロ・レゼルヴ01年（マリアン・シムチック社）
シャトー・ランシュ・バージュ97年

前菜はアイルランドで有名なサーモンを、湯通し、マリネ、スモークの三つの料理法で出した。主菜は仔鴨のロースト。素材の味とシンプルさを大事にするアイルランドらしい料理内容である。

さてワイン。前菜のサーモンに合わせた白ワインは、新加盟国の一つ、旧ユーゴスラヴィア連邦のスロベニア産。イタリアのベネト地方と近く、もともとレベルの高い白ワ

インで知られるが、テオドール・ベロ・レゼルヴはブドウ品種がリボッラ六〇％、残りがピノ・グリッジョとトカイ・フリウラーノ。スキッとした口当たりのいい早飲みタイプ。アイルランドは新加盟国のワインをテーブルに乗せる粋な計らいをした。

主菜に合わせたシャトー・ランシュ・バージュはフランス・ボルドー地方メドック地区の公式格付け五級だが、内容的には二級の実力をもつワインだ。ワインを生産しないアイルランドとしては、主菜にはやはりフランス産を選んだのだと思われた。

しかしそうではないと知ったのは、親しくしている駐日アイルランド大使館の女性広報部長のひとことだった。「ランシュ（Lynch）を英語読みするとリンチですね。これはアイルランドの貴族の名前なのです」

なるほど調べてみると興味深い事実が分かった。アイルランドの歴史は、英国に対する抵抗と反乱の歴史であり、過酷な支配と取り立てに暴動が頻発した。とくに一七世紀後半には三〇年にわたって抵抗が続いた。

西部の港町ゴールウェイ市を拠点とする貴族のジョン・リンチも部下を率い、アイルランド王ジェームス二世の指揮下、英国軍と勇猛果敢に戦った。しかし一六九〇年、ボイン川の戦いでジェームス二世が英国ウィリアム三世に大敗し、リンチは部下とともに海を越えてフランスに逃げのびた。

当時、フランスは英国とヨーロッパの覇権を争い、英国に抵抗するアイルランドやスコットランドを財政的、人的に支援していた。とくにアイルランドとは同じカトリックだったため、リンチにとってフランスは親しみのある国だった。以前からアイルランド人が多数、亡命しており、その人脈もあったのだろう。

出身のゴールウェイに似た港町ボルドー市に定住したとき、リンチは弱冠二一歳。持ち前の勤勉さで羊毛と羊皮の商売で頭角を現し、結婚して二人の息子に恵まれた。その長男のトーマスは長じた一七四〇年、地元のワイナリー経営者の娘と結婚する。そして九年後、義父の死でポイヤック村にある広大なワイナリーを相続した。

ワイナリーは地元の小集落の名をとって「バージュ」と呼ばれていた。トーマスはフランス語読みにした「ランシュ」を加えてシャトー・ランシュ・バージュと命名した。ランシュ家は一八二四年までの七五年間にわたってワイナリーを経営し、名だたるワインに育てあげる。つまりアイルランドの亡命者の子孫によってこのワインの基礎は築かれたのだ。

ちなみにトーマスの子ども、つまり初代ジョン・リンチの孫にあたるジョン・バチストは国王ルイ一六世から貴族に叙任され、伯爵の称号を与えられた。フランス大革命では投獄されるなど波乱の人生を送り、革命後はボルドー市長にまでなった人である。一八二四年にワイナリーは売却され、一八五五年の公式格付けで五級となった。アイルランド大統領官邸の儀典担当者は、以上のような由来のあるワインであることを知った上で、ランシュ・バージュを出したことは間違いないだろう。

実は白ワインの産地であるスロベニアも、たどればアイルランドと関係がある。スロベニア西部から北イタリアにかけての地域には古代ケルト民族が住み着き、紀元前五世紀から一世紀にかけてケルト文化はヨーロッパ全域で栄えた。しかし、やがてローマ、キリスト教文化に埋もれ、いまも濃厚に残るのはアイルランドだけである。ヨーロッパの基層を作ったケルト文化を通じ、アイルランドとスロベニアは結びつく。

晩餐会でのエスプリに富んだワインの選択は、さまざまな文化と人々の行き来の中で築かれてきたヨーロッパの大きな骨格を垣間見せたのである。

ベルギー流饗宴は配慮のかたまり

ＥＵ議長国が会議やイベントを催すとき、料理、飲物を何にするかは、議長国が決める。自国の素材を使い、ワインも自国産というのがふつうだが、自国産ワインがないときは当然、他国のものになる。それでもアイルランドのようにいろいろ工夫しながら、自国の料理の素晴らしさを十二分に知ってもらうよう努める。以下は美食で知られるベルギーの晩餐会である。

二〇〇一年一二月一四、五の両日、議長国ベルギーは首都ブリュッセルのラーケン宮でEU首脳会議を開いた。このときの主要議題の一つは食品安全機関の設置だった。狂牛病をきっかけに食の安全への関心が高まり、欧州独自の食品検査機関を設けることになったからだ。首脳会議初日夜の晩餐会である。

〈料理〉
白ビールを使ったウナギ風味のポタージュ、ゼーブルッヘの海老とクレソン添え
ホウレンソウを詰めたホタテ、クリークのワイン・ビネガーで
鹿のモモ肉のロティー、木の実添え、ゲントのマスタードと
ブリュッセルのワッフル
〈飲物〉

シャンパン　ボランジェ　キュヴェ・スペシアル（マグナム）
サン・ジョゼフ　ジャン・ルイ・グリッパ95年
カステッロ・ディ・フォンテルトリ　キャンティ・クラシコ98年
ワイングート・ホプラー　ノーブル・レゼルヴ81年

ベルギーの四方八方への気遣いが滲み出ている。メニュー表記はオランダ語、フランス語、ドイツ語、英語の四ヵ国語。EUの公式言語でないオランダ語でも表記したのは、ベルギー北半分のオランダ語圏のフラマン系住民に対する配慮からである。

ワインも一ヵ国だけで固めていない。乾杯用のシャンパンと、ホタテに合わせた最初の白ワインはフランス産（コート・デュ・ローヌ地方）。鹿のロティーに合わせた二番目の赤ワインはイタリア産。三番目のデザートに合わせた甘口貴腐ワインはオーストリア産だ。シャンパンのボランジェは、〇五年二月、ブリュッセルのEU本部で開かれたブッシュ大統領歓迎晩餐会でも出されている（第1章参照）。ボランジェは玄人に人気のあるシャンパンで、美食の地ブリュッセルでしばしば目にするのは興味深い。異なる年のブドウで造っているためミレジメ（製造年号入り）ではないが、ふつうのボトルの倍容量のマグナムだから安定度はいい。ジャン・ルイ・グリッパの造るサン・ジョゼフは果実味あふれ、濃厚だ。イタリア・トスカーナ州のキャンティ・クラシコはタンニンがしっかりし、ジビエ（野生の鳥獣）の鹿のモモ肉とピッタリだっただろう。

しかしこと料理に関しては、ベルギーで押し通した。担当したのは約八〇年の歴史をもつ著名なブリュッセルの三ツ星レストラン「コム・シェ・ソワ」の料理長兼オーナーのピエール・ウィナン氏。「ベルギーの食材を使ったベルギー本来の料理を、という儀典担当者からの要望でした」と語る。

〈白ビール〉〈ウナギ〉〈ゼーブルッヘで採れた海老〉〈クリーク産のビネガー〉〈ゲントのマスタード〉〈ワッフル〉と、すべてベルギーの食材で固められた。

腕によりをかけた料理は格別だったようだ。デザートのとき、首脳の間から「われわれはすべて平らげ、美食に勝った」と声が上がり、座はどっと沸いた。晩餐会の終わりにウィナン氏は挨拶に出た。「ブラボーの拍手をいただき、首脳たちには満足していただけたと確信しました」。

しかし和気藹々の晩餐会の翌日、同じ食をめぐり激しいやりとりになった。食品安全機関の誘致をめぐり、イタリアと他の加盟国が対立したのだ。

議長であるベルギーのフェルホフスタット首相は、事前の根回しの感触からフィンランドの首都ヘルシンキに置いてはどうかと提案した。これに自国のパルマが念頭にあったイタリアのベルルスコーニ首相が異を唱えた。

「イタリアのパルマは美食の代名詞だ。しかしフィンランド人はパルマ産のプロシュートハムが何であるかさえ分かっていない。フィンランド料理を評価するのはせいぜいがフィンランド人だけだ。そんな国に食品安全機関を任せる訳にはいかない」

ローマには国連食糧農業機関（ＦＡＯ）もある。同首相にとって、パルマ誘致は譲れない一線だった。さもなければ同首相は国内で指導力を問われかねなかった。他のことはどうあれ、料理となるとイタリア人は黙ってはいないのである。

しかしフィンランドもこの侮辱に黙っていなかった。リッポネン首相が反論した。「ベルルスコーニ首相がフィンランドの食のことを知っているとも思えない」。議長のフェルホフスタット首相も「美食の地かどうかは事務局を置く理由にはならない。きちんとした検査体制を作る環境が整っているかどうかなのだ。フィンランドはその資格が十分にあると私は思う」と援護した。暗にイタリアの官僚主義でうまく機能するのか、と皮肉ったのだ。

多勢に無勢と見たベルルスコーニ首相は「私は他の分野で大いに譲歩した。この食品安全機関だけは譲れない」と大声を上げ、ドンとテーブルを叩いた。それを上回る声でドイツのシュレーダー首相が遮った。「私はパルマは大好きな町だ。しかしベルルスコーニ首相のような無礼な言い方をするなら、食品安全機関は絶対にパルマにはいかないだろう」。漁夫の利を狙ってフランスのシラク大統領が「わが国のリールも候補地になる」と口を挟んだが、他首脳は黙殺した。

侃々諤々の議論がつづき、結局、ベルギーは意見をまとめ切れなかった。首脳会議終了後、記者団との懇談でリッポネン首相は「フィンランドは食品安全機関の事務局を諦めていない。ベルルスコーニ首相がテーブルをパルマのプロシュートハムで叩き、私をフィンランドのハムで叩こうと、何の益もない」と皮肉っぽく語った。

実業家のベルルスコーニ首相はイタリアのメディアを資本傘下におき、報道の自由とのからみで内外で批判を受けていた。常識的には食品安全機関はイタリアに置くのがふさわしい。しかしヘルシンキ設置で根回しが行われた背景には、同首相に対する欧州各国首脳の冷ややかな視線があった。

結局、〇二年一月に発足した欧州食品安全機関（ＥＦＳＡ）の本拠は、暫定的にブリユッセルに置かれ、最終的な場所については冷却期間をおいて再度協議することになった。その後、ベルルスコーニ首相の必死の働きかけもあって、〇三年一二月にパルマ設置が決まり、同首相は何とか面目を施した。

エリザベス女王にフランスが振る舞った最高のワイン

英仏協商一〇〇周年を迎えた〇四年四月、英国のエリザベス女王がフランスを国賓として訪れた。女王が最高レベルの訪問形式である国賓としてフランスを訪れるのは五七、七二、九二年についで四回目で、諸外国の中で最多回数を数える。「第一回目の訪問の時から、女王はパリにこのうえない愛着を感じておられます」とバッキンガム宮殿は事前ブリーフィングで述べた。

英仏協商はフランス語でentente cordiale（アンタント・コルディアル、真心からの合意の意）。両国は一八九八年にスーダンのファショダで武力衝突したのを機に、一九〇四年協商を締結し、植民地勢力圏を取り決めた。結果的には英仏協商は一四世紀の一〇〇年戦争以来の両国の覇権競争に終止符を打ち、和解を実現することになった。

エリザベス女王とエジンバラ公は四月五日、ロンドンのワーテルロー駅から「英仏協商」号と命名されたユーロスターの特別列車で英仏海峡トンネルをくぐり、パリの北駅に着いた。そこからコンコルド広場に移動し、シラク大統領夫妻の出迎えを受けて歓迎式典が行なわれた。

コンコルド広場は、フランス大革命でルイ一六世とマリー・アントワネット王妃がギロチンにかけられた場所。「英王室にとって居心地がよくない場所」（英紙）である。また吹奏されたフランス国歌「ラ・マルセイエーズ」も王制を糾弾し、民衆蜂起を呼びかける内容だ。国王をギロチンにかけたフランスと王制を維持する英国の間には、プロトコール上、微妙なものがある。かつては双方が神経質になったが、さすがに最近では公に問題になることはない。

その夜、エリゼ宮で約二四〇人の招待者を招いて晩餐会が開かれた。シラク大統領に続いてスピーチに立ったエリザベス女王はこう述べた。

「一八一五年（ウィーン会議）から今日まで、両国は戦火を交わすことなく、自由と民主主義のために手を携えてきました。ただ我々はすべてに一致する訳ではありません。英国のプラグマティズムとフランスの情熱。フランスの構想力と英国のユーモア。英国の雨とフランスの太陽。私たちはこの補完関係を喜ぼうではありませんか」。最後に

「両国の違いに万歳、そして英仏協商にも万歳」と結び、シャンパングラスを上げた。ウィットに富んだ女王のスピーチに大きな拍手が起きた。

両国の国民性は大きく違う。互いに相手をからかい、皮肉を言い合いながら、しかしここぞというときは結束してきた。第一次、第二次大戦とフランスがドイツと戦ったとき、英王室は「フランスを支援すべし」という英国の意思のバックボーンとなった。フランスが英王室に最大の敬意を払い、各国元首の中でもエリザベス女王を最高レベルのもてなしで歓待する理由もここにある。

実は今回、事前準備でこんなエピソードがあった。最終的なメニューを決めるため、大統領夫人のベルナデットさんを中心に、料理長、執事長、ソムリエらが集まった。夫人はソムリエが用意した幾つかのワインリストの中から、「これにしましょう」と最高級レベルのワインを指差した。

執事長が口をはさんだ。「マダム。それは少々値が張り、全体の予算を圧迫します」。すると夫人はキッと執事長を見据えて、こう言ったのだ。「執事長。ここは大統領と私の館です。どのようにもてなすかは大統領と私が決めることなのです」。そこに居合わせたある人物は、「あの一言はすごかった。執事長は何も言えなくなって押し黙った」

と私に語った。

さて、そのメニューである。

〈料理〉

フォアグラのテリーヌ、ゼリー寄せ

ウズラのアミガサ茸の詰物、ポテトのサルラデーズ添え

チーズ

チョコレートとアーモンドのケーキ

〈飲物〉

シャトー・ディケム90年

シャトー・ムートン・ロートシルト88年

シャンパン　ドン・ペリニョン95年

そう、ベルナデット夫人は最高のワインを選んだのである。シャトー・ディケムはボルドー地方ソーテルヌ地区の最高級格付け「特別第一級」の貴腐ワイン。これにフォア

グラは、これ以上はない組み合わせだ。そしてウズラの詰物には、ボルドー地方メドック地区最高レベル（「第一級」格付け）の赤のムートン・ロートシルトをもってきた。しかもどちらもいい出来の年代である。ボルドー地方はかつて英国領で、英国人がボルドーワイン好みということもあって、私の知る限り、エリゼ宮でのエリザベス女王の饗宴では毎回、白、赤ともほとんどボルドーワインだ。そしてシャンパンはドン・ペリ。饗宴で出されるシャンパンの雄と言えばドン・ペリかクリュッグだが、クリュッグは生産量が少ない。ドン・ペリなら、造っているモエ・エ・シャンドン社が大メーカーなので、大饗宴にも対応できる。

このときの招待客は二四〇人。エリゼ宮ではボトル一本あたり三人分で計算するから、白、赤それぞれ八〇本は用意したはずである。ワインとシャンパンだけで、日本円換算で三〇〇〇万円は越えただろう。執事長が心配するのもわかるが、エリザベス女王を迎えるときのフランス側の意気込みもまた伝わってくるのである。

一年前のイラク戦争で、米国を支持する英国と、反対するフランスは鋭く対立した。欧州統合政策でも両国の思惑は異なる。しかし両国が国際政治の舞台で激しくやり合っても、これを英王室が和らげ、相互理解を深める要の役割を果たしてきた。七日までの三日間、女王はフランス国民をすっかり虜にした。今回も両国の再接近に心理的土壌を準備することになったのである。

コール首相の驚くべき大食

ドイツとイタリアの関係にも、時折、不協和音が生じる。規律に厳格で、妥協を許さないゲルマン気質のドイツ。規律よりも、状況対応型アプローチを得意とするラテン気質のイタリア。この国民性の違いが、政治の場で齟齬《そご》となって現れる。

九八年一月二〇日、ローマの中心街にあるパラッツォ・キージ（イタリア首相府）に到着したドイツのコール首相は、車から下りると、待ち構えたカメラマンに向かって「コリエレ・デラ・セーラ紙のジャーナリストはいるか」とイタリア有力紙の名前を上げた。カメラマンの一人が手を挙げた。「本当のコールの写真を撮ってほしい」とポーズをとると、周りから爆笑が起きた。

同紙はこの日、ナチスの軍服を着たコール首相の前で、イタリアのプロディ首相が震えている戯画を掲載した。「傲慢なドイツ」を皮肉った政治漫画で、コール首相はローマへ向かう機中、側近から見せられていた。

この頃、両国の不協和音は頂点にあった。前年からトルコやイラクのクルド人が大挙、船でイタリアに押し寄せていた。イタリア政府は政治亡命者として認定したが、これに反発したのがドイツだった。すでにドイツには欧州で最も多い六〇万人のクルド人がおり、イタリアのクルド人がドイツにいる親戚や友人を頼って流れ込む可能性が高い。カンター独内相はイタリアの難民政策を批判し、国境検査を厳格にすると言明した。

欧州統一通貨ユーロに参加する国の選定をめぐっても、両国の亀裂は広がっていた。最も重要な参加指標「財政赤字の対国内総生産（GDP）比三％以内」をイタリアは満たしていたが、ドイツ連邦銀行のティトマイヤー総裁は「数字だけが基準ではない」と牽制していた。財政規律の緩いイタリアの参加は、ユーロの足を引っ張ると見たからだ。

コール首相のイタリア訪問は、こうした両国のわだかまりを取り除くことに目的があった。プロディ首相との会談で、コール首相はイタリアの難民政策を支持し、プロディ首相の財政赤字削減努力も高く評価。イタリアのユーロ参加にも異議を差し挟まなかった。会談後の記者会見でも、両首脳は「両国の足並み一致」を強調した。

このあと両首脳は夕食のため、随員とともに首相府からほど近いレストランに歩いて向かった。途中、コール首相の姿に通行人が握手を求め、首相はこれに気楽に応じた。

レストラン「フォルトゥナート」はプロディ首相行きつけの庶民的な店で、このときのメニューは次のような内容だった。

〈料理〉
ハムの取り合わせの前菜
三種類のパスタ
仔羊肉のロースト、ポテト添え
仔牛のモモ肉のオーブン焼き
アーティチョークとアスパラガス、ローマ風
梨の甘煮
ティラミス
リコッタのタルト
〈飲物〉
ガヴィ・ディ・ガヴィ96年
キャンティ・クラシコ95年

スプマンテ　フェラーリ95年

相当な品数だが、コール首相はこれでも足りず、パスタとデザートをお代わりした。食事中、コール首相は子ども時代の話を披露した。兄弟が多かった同首相は、食事中、おしゃべりをすると、母親から「まず自分のお皿を片付けなさい」と叱られたという。「欧州も同じだ。各国が自分の責任と義務を果たそう。他国が口を出すことはない」と、両国の関係になぞらえた。

食事を終えると、コール首相一行は空港に向かった。六時間の短い滞在だったが、両国の不協和音を沈静化する目的は達した。ただ、同首相は八ヵ月後の総選挙で敗れ、一六年にわたって維持してきた政権を野党・社民党に引き渡すことになる。

第5章

「今日の夕食は軽めにします!」

最後まで同床異夢だったようで……
(2005年6月20日の日韓首脳会談)

韓国はフランス、日本はドイツ?

パリ特派員として一九八六年から九三年までの七年間、フランスの外交をウォッチしてきて、私が羨ましく思ったのは仏独関係だった。この一世紀余、三度戦火を交えた両国が、第二次大戦後、欧州建設という共通の目標に向け協力し、仏独枢軸といわれるまで緊密な関係を築き上げた。

両国の提携は「愛より、理性に基づく結婚」といわれる。互いに協力し合うことこそ欧州の平和と安定の要であるという共通認識に基づく協力であり、これを「仏独協調を堅持すべし」との両国政府の確固とした政治意思が支えている。

揺るぎない政治意思は国民の関係をも変える。両国の国民性は大きく異なり、国同士が疎遠のときは国民の間の疑心暗鬼は募る。戦前までの両国がそうだった。しかし国同士が親密な関係だと、国民性の違いはプラスに作用する。

数年前、日本メディアの外信部長の訪韓団に参加したとき、韓国サッカー協会会長で、韓国大統領選にも一時出馬を表明した鄭夢準《チョンモンジュン》氏と昼食を共にする機会があった。

昼食が一段落して日本側参加者が一人ずつ短い挨拶をすることになり、私は日韓を仏独関係にしなければならない、といつもの持論を展開した。すると鄭氏が「韓国と日本は、どちらがフランスでどちらがドイツですか」と聞いてきた。「韓国がフランス、日本はドイツですよ」と答えると、「なぜ？」と二の矢がきた。「韓国人は個人主義で激情型だからアジアのラテン。日本人は秩序を重んじ、きちんと行列を作る。アジアのゲルマンですよ」と言うと、鄭夢準氏はニヤリと笑った。私が言いたかったことは、日韓関係にかける両国政府の確固とした政治意思さえあれば、両国民の異なる性格はプラスに働くということだった。

仏独関係を見てきて感心するのはリスクコントロールである。枢軸関係と言われながらも、国際情勢によってギクシャクもすれば、齟齬をきたすこともある。そんなときは亀裂を最小限に抑えるため、期せずして外交イニシアチブがどちらからか打ち出される。

実はフランスとドイツがリスクコントロールに際して、よく活用するのが「食卓」である。美食で知られる地方のレストランを会談場所に選んだり、演出を凝らしたりと、言葉本来の意味で「饗宴外交」が潤滑油の役割を果たしている。そしてこの「饗宴外交」は、日韓関係においても意識的に展開された時期がある。

相互信頼で結ばれた小渕首相と金大中大統領

この一〇年の日韓の饗宴外交を振り返って、節目の饗宴をひとつあげろと言われたら、私は一九九九年三月、小渕恵三首相が訪韓したとき、金大中《キムデジュン》大統領が主催した青瓦台（韓国大統領官邸）での歓迎晩餐会をあげたい。金大中大統領は老練な政治家らしく、この晩餐会にさまざまな趣向と工夫を凝らし、日本に外交的シグナルを送った。

それを述べる前にまずこの前年、金大中大統領が国賓で来日したときのことを振り返ろう。

金大中大統領は一九九八年二月に大統領に就任し、同年一〇月、国賓として来日した。これは日韓関係に大きな転機となった。金大中大統領は来日前、日本の月刊誌に「日韓の悪循環」を絶つ必要を訴える論文を寄稿し、未来志向の関係を提唱した。

その具体的な一歩として、戦後、禁じていた日本の大衆文化の輸入を、段階的に解禁していくことを明らかにした。また韓国のマスコミが日本の「天皇」の呼称への反発から「日王」「日皇」と呼んでいたのを、韓国政府は「天皇」の呼称の使用を公式に決めた。こうした金大中大統領のイニシアチブを日本側は高く評価した。来日した金大中大統領と会談した小渕首相は、韓国側の要望を入れて「痛切な反省と心からのお詫び」の言葉を初めて共同宣言に盛り込んだ。同大統領は「文書で、しかも韓国を名指しして表明したことは、形式、重みとも、これまでとは異なる」と評価した。

また両首脳は「二一世紀に向けた新たな日韓パートナーシップ」に署名し、首脳会談の年一回開催や、日本文化の開放など、交流促進を盛り込んだ行動計画も発表された。

一〇月七日夜、宮中で歓迎晩餐会がもたれた。

〈料理〉
コンソメ（ツバメの巣、松茸入り）
伊勢海老の酒煮
炊き込みご飯
ウズラの冷製
羊のモモ肉の蒸し焼き
生野菜
凍果（富士山型アイスクリーム）
果物（メロン、巨峰）

〈飲物〉
シャブリ　レ・ヴォーデジール88年
シャトー・ラトゥール81年
シャンパン　ドン・ペリニョン88年

ツバメの巣のコンソメは、宮中晩餐会でもめったに出されない。伊勢海老、ウズラの料理に合わせた白ワインのシャブリは、最高級のグラン・クリュ（特級）に格付けされている銘柄。羊に合わせたシャトー・ラトゥールも、ボルドー地方メドック地区の最高級ワインである。いずれもまずまずの年だ。ドン・ペリニョンは88年といういい年のブドウだけで造った「ミレジメ」ものである。

歓迎あいさつに立った天皇陛下は、「わが国が朝鮮半島の人々に大きな苦痛をもたらした時代がありました」と述べ「深い悲しみ」を表明した。共同宣言での日本側の「お詫び」に対応したお言葉だった。一方、金大中大統領も、植民地支配に言及せず、アジア通貨危機の際の韓国への日本の支援に感謝を表明し、「パートナーシップ」という言葉を四度使って、「両国が友好関係を固めることこそが歴史を正しく継承したということとになる」と語った。訪日した韓国の大統領で、植民地支配に触れなかったのは初めてだった。

筆者にかかってきた〝ブッチホン〟

この訪問の成功は、金大中大統領と小渕首相という二人の首脳に負うところも小さくなかったと思われる。金大中大統領のイニシアチブを、小渕首相は正面から受け止め、応えた。二人が互いに有能な対話相手と認め、個人的にも信頼感を抱いたことは想像に難くない。

翌九九年三月、小渕首相が訪韓した。金大中大統領は事前に青瓦台の儀典担当者に「どのようにもてなしたらいいかよく研究してほしい」と指示したという。ここに大統領の小渕首相に対する評価が現われている。

三月二〇日、約六〇人が参加して晩餐会が開かれた。

カボチャのお粥
銀鱈の焼きもの

宮中神仙炉《シンソルロ》
カルビ焼きと新鮮野菜
ご飯と、牛の澄んだスープ
果物

韓定食といわれる、李氏朝鮮時代の宮廷料理をベースにした料理である。韓国では外国の首脳は韓国料理でもてなすが、韓定食は高いレベルのもてなしのときに出される。神仙炉は韓国風寄せ鍋で、各人の前に小ぶりの鍋とコンロが置かれ、固形燃料で煮ながら、鍋から練り物や魚介類、野菜の具をすくって食べる。キムチやナムル、ノリなど四、五品の小皿も各人の前に置かれ、なくなると給仕が間を置かず追加した。韓国ではお客をもてなす時は、食べられないほど料理を出すのが礼儀で、ある日本側出席者は「大変美味しかったですが、とても食べきれませんでした」と語る。

飲物は、最初の乾杯のときはシャルドネ種のブドウで造った韓国産スパークリングワイン。メニューには「シャンパン」と表記されていたが、これを名乗れるのはフランスのシャンパーニュ地方で、特定の条件で造られた発泡酒だけだからご愛嬌だ。料理に合わせて、初めはリースリング種で造った韓国の95年ものの白ワイン、その後は韓国の酒類メーカーがボルドー地方から輸入し、独自ラベルを付けて出している96年ものの赤ワインだった。食後酒には韓国産のシッケといわれる甘酒がふるまわれた。

饗宴の間、広間の一角でオーケストラの演奏が行われたが、日本側出席者は驚いた。韓国民謡ばかりでなく、「赤とんぼ」「四季の歌」「だんご3兄弟」「男はつらいよ」など日本の曲が演奏されたからだ。なかでも「だんご3兄弟」はこの時期、日本で流行っていた歌である。日本の大衆文化の段階的解禁に踏み切った金大中大統領は、青瓦台で日本の曲を演奏するという象徴的な演出を行ったのだ。

食事が終わると、参加者は別の広間に案内され、音楽会がもたれた。外国首脳の歓迎宴で、このような余興が演出されたのは金大中大統領になって初めてのことだった。韓国のソプラノ歌手は「懐かしい金剛山《クムガンサン》」と、椿姫のアリアを独唱した。前者は分断された祖国統一を願って美しい北朝鮮の金剛山（標高一六三八メートル）を称え、後者は女主人公が離れた恋人を思う歌である。金剛山は非武装地帯に沿って北朝鮮側に位置する景勝地で、中国国境付近にある白頭山《ペクトゥサン》と並ぶ名山といわれている。

九八年六月、韓国の財閥・現代《ヒュンダイ》グループが北朝鮮との合意に基づき、観光船による金剛山観光をスタートしたばかりだったが、これが〇三年に、陸路から直接バスで三八度線を越える金剛山観光に発展し、対北融和の「太陽（包容）政策」の大きな柱となることを考えると、この時点で音楽会の曲に選ばれたことは極めて意味深長だった。

金大中大統領は翌二〇〇〇年六月、平壌を訪問し、金正日《キムジョンイル》総書記と分断史上初の南北首脳会談を実現し、太陽政策を本格的にスタートさせる。つまりその一年三ヵ月前の小渕首相の訪韓は、金大中大統領にとっては対北政策に打って出る上で、まず日本との関係を固める機会だった。日本の支持がなければ対北政策もうまくいかない。

信頼を築いた小渕首相に、祖国統一への韓国国民の悲願を知ってもらう。それは間もなく公然化する太陽政策への布石でもあった。単に余興としての音楽会ではなく、日本と北朝鮮の両方をにらんで、さまざまな外交的シグナルを込めたのである。歌のあとはソウル市立舞踏団による伝統舞踊も披露され、小渕首相夫妻が青瓦台を辞したのは夜も更けてからだった。

このときの饗宴には余談がある。饗宴中、日本の曲が演奏されたことを知った私は、当時、持っていた外信部長コラムに、「小渕首相饗宴から読む、韓国の政治的シグナル」とのタイトルで記事を書いた。それから数日後、外信部長席の電話が鳴った。「こちら総理官邸です。いま総理と代わります」と受話器の向こうで声がした。「小渕です。コラムのお礼が言いたくてお電話しました」。かの〝ブッチホン〟だった。私は政治部を担当したことがなく、小渕首相と面識はなかったが、こう聞いてみた。

「いい話なのでコラムに書きました。ついでと言っては何ですが、総理は食事のあと、指揮者の方と言葉を交わされたようですが、何を話されたのですか」

饗宴に出ていた招待客は、食事が終わると小渕首相がつかつかとオーケストラの指揮者のところに歩み寄って、言葉を交わしたのを目撃していた。

「私は向こうのオーケストラが日本の曲を演奏されたことに感銘を受けました。指揮者の方に直接、お礼を言いに行ったのです」

「指揮者の方は何と？」

「喜んでいただいて嬉しいです、と言われました」

私は「これからも日韓関係のため頑張ってください」と言って電話を切った。

異例の厚遇を受けた金鍾泌首相

この半年後の九九年九月一日、韓国の金鍾泌《キムジョンピル》首相が公賓として来日した。二日夜、小渕首相夫妻主催の歓迎晩餐会が開かれた。本来、首相主催の饗宴は官邸でもたれるが、招待客が約一三〇人と多いため、外務省飯倉公館になった。首相官邸や飯倉公館の饗宴料理は、都内の一流ホテルが交代で受け持つことになっており、このときはロイヤルパークホテルが担当した。そのメニューである。

〈料理〉
毛ガニのフォンダン、カリフラワーのクリームを添えて
韓国産松茸入りビーフコンソメ
えぞ鮑とハタのロースト、黒トリュフ風味の軽いバター炒め
高麗人参のシャーベット
松阪牛テンダーロインの赤ワインソース、水茄子とポテトのグリエ添え
ロメーヌレタスとクレソンのサラダ

〈飲物〉
シャンパン　ルイーズ・ポメリー88年
コルトン・シャルルマーニュ95年

シャトー・ラフィット・ロートシルト86年

携わったロイヤルパークホテル調理部長の森道雄さんは、外国の賓客をもてなすときの秘訣は、季節感を入れることと、ゲストの国の食材を使い、それをメニューに記載することだという。このときは韓国産松茸や高麗人参をとり入れた。

注目してほしいのはワインである。白のコルトン・シャルルマーニュはブルゴーニュ地方の最高級グラン・クリュ（特級）。赤のシャトー・ラフィット・ロートシルトもボルドー地方メドック地区の最高級プルミエ・クリュ（第一級）。元首でもない首相クラスに、この種の最高レベルのワインが出されたケースを私は余り知らない。

食事が終わると、その場で音楽会に移り、招かれた歌手の小林幸子さんが「影を慕いて」「釜山港へ帰れ」「雪椿」を披露した。日本語の堪能な金鍾泌首相が「NHKの衛星放送で小林さんの歌は聞いて親しみを感じていました」と話すと、小林さんが「願いがかなうなら、韓国に行って歌わせてほしい」と直訴し、招待客から大きな拍手がわいた。

座は盛り上がった。続いて太鼓と唱者による韓国の民俗芸能パンソリが披露された。太鼓の伴奏にのって唱者が物語に緩急の節をつけて歌うもので、たまたま来日していた韓国の国立音楽院メンバーを、外務省がくどいて出演してもらったのだ。

金鍾泌首相が自らマイクをとって「わが国の伝統音楽では、川や柳などの情景が歌われ、歳月のはかなさをテーマにした哀切なものが多い」と解説すると、小渕首相が「小倉君もパンソリを習っているらしい」と小倉和夫・駐韓大使に振った。首相直々の指名とあれば断る訳にはいかない。小倉大使が韓国国立音楽院メンバーの演奏をバックに歌うと、大喝采が広間を包んだ。

あまり知られていないが、小渕首相は歴代首相の中でも饗宴の執り行い方に強い関心を持っていた。首相秘書官だった斎木昭隆氏（現・駐米公使）によると、同首相は招待者リスト、席次、自らのスピーチはもちろん、料理や余興にまで目を配った。政治において饗宴のもつ意味を深く理解していたのだろう。いかめしい官邸の饗宴のテーブル配置を、それまでのコの字型から、メインの長テーブルと、それ以外の丸テーブルの変化に富む組み合わせに変えさせたのも同首相だった。

本人は急逝して出席することはできなかったが、同首相は沖縄サミット（二〇〇〇年）の饗宴料理を、従来のようなレストランの賄いではなく、独自性あるものにしようと、劇団四季代表の浅利慶太氏に相談した。浅利氏は、劇団の取締役で料理とワインに詳しい音楽評論家の安倍寧氏を首相に紹介。安倍氏はサミット晩餐会の総合監修という立場で、辻調理師専門学校理事長の辻芳樹氏や、ソムリエの田崎真也氏ら各界の第一人者を集めて、サミット晩餐会を成功に導いた。同首相自身、ワインのサービスなどのビデオを買い込み、二〇〇〇年四月二日に脳梗塞で倒れる前まで、時間があると見ていたという。

この金鍾泌首相の歓迎宴は、小渕首相が倒れる七ヵ月前のことだった。金鍾泌首相はこの翌日には天皇、皇后両陛下の宮中午餐会に招かれた。同首相が両国関係のために果たしてきた役割への日本の評価がここには現れていた。

日本に知己の多い金鍾泌首相は滞日中、日韓国交正常化交渉の韓国側の責任者だった当時の秘話も披露した。韓国中央情報部長だった金首相は六二年、日本の外務大臣室で、最大の懸案だった賠償金の額について大平正芳外相と長時間やりあった。双方譲らず、決裂かと思われたとき、金鍾泌首相は織田信長、豊臣秀吉、徳川家康の性格をうたった句を引用して迫った。「日韓会談は『鳴かぬなら殺してしまえホトトギス』ではダメだ。『鳴くまで待とう』でもダメだ。『鳴かせてみよう』でやらなければダメなんだ」。大平外相はびっくりして「あなたはそれをどこで習ったのだ」と、問い返した。これが契機となって、大平外相は賠償金額で譲歩し、三年後の日韓国交正常化に結びついたという。当時を振り返りながら、金鍾泌首相は「日本の実のある協力を得て、韓国はひもじい思いをしなくてもすむ国になった」と振り返った。公式論が前面に出がちの日韓関係にあって、韓国の首脳が本音を漏らしたのも、好転した両国関係の雰囲気を反映していた。韓国のメディアは批判したが、同首相は日本滞在中、ほとんど日本語で通した。

九八年の金大中大統領の訪日を契機として、日韓両国には新しい流れが生まれた。ギクシャクが消えた訳ではない。教科書、慰安婦、竹島（韓国では独島）問題などで、双方のナショナリズムが煽られることもあった。しかし両国政府の「折角いい関係が生まれたのを、崩してはならない」との政治意思が、世論が過剰に走るのを抑制した。サッカーのW杯共催や日韓国民交流年など、両国政府はさまざまなイニシアチブを打ち出し、日本では韓流ブームが起きる。

仏独関係を立て直したアルザスのレストラン

フランスとドイツにも節目の饗宴があった。〇一年一月三一日夜、フランス北東部アルザス地方のブレシュハイム村にある小さなレストラン「シェ・フィリップ」で、シラク大統領とドイツのシュレーダー首相が共にした夕食会である。

フランス側がこの夕食会を呼びかけたのには理由があった。その一ヵ月半前の前年一二月、ニースで開催された欧州連合（ＥＵ）首脳会議で、両国はＥＵ閣僚理事会（ＥＵの最高意思決定機関）の国別持ち票をめぐり鋭く対立した。

ＥＵ加盟国の中で人口の一番多いドイツは、持ち票が最多になるはずだった。しかしドイツの発言力増大を懸念する議長国フランスのシラク大統領は、ドイツの持ち票を、仏、英、伊と同数にしようと画策した。首脳会議は空転し、会期を二日間延長した末にフランスが押し切ったが、仏独間には大きなシコリが残った。

一ヵ月半後にフランスが夕食会を呼びかけたのは、悪化した関係をそのままにしておく訳にはいかなかったからだろう。

気遣いは場所選びにも現れていた。パリに呼びつける形になるのは避け、ドイツ国境に近い双方の中間地点、それも両国の和解を象徴するアルザス地方を選んだ。鉄鉱石と石炭を産するこの地方は、一八七〇年の普仏戦争以来、戦争の度に帰属が変わってきた。普仏戦争でドイツ領になった同地方は、第一次大戦後は再びフランス領に。第二次大戦の緒戦でフランスを占領したドイツは、アルザス地方を再びドイツに編入。そして第二次大戦後は、フランスに戻った。レストランは空港から七キロと地の利がよく、また気の置けない家族経営で、裃を脱いでざっくばらんに話し合うには好都合だった。

この夜「シェ・フィリップ」は貸し切りとなり、両首脳を中心に、仏独双方から関係閣僚、事務当局者合わせて約四〇人が参加。まず会談で両首脳は、これからも両国が欧州統合の牽引車の役割を果たしていくことを確認した。またシラク大統領は意思疎通を密にするため、これまでの年二回の定期首脳会談のほか、六～八週間ごとに相互訪問し、非公式に意見を交換しようではないかと提案した。シュレーダー首相も同意した。

会談後、夕食に移った。オーナーシェフのフィリップ・シャット氏が用意したメニューは次のようなものだった。

フォアグラ、ブリオッシュ添え
シュークルート
牛の頭の煮込み料理
青リンゴのシャーベット

一目見てざっくばらんな家庭料理である。アルザスの特産のフォアグラ。フランス語でシュークルート、ドイツ語ではザワークラウトと呼ばれる料理は、塩漬けし発酵させたキャベツの千切りに、ゆでたソーセージ、豚肉、ジャガイモなどをつけ合わせるこの地方の名物料理だ。牛の頭の煮込み料理はシラク大統領の大好物である。両首脳好みの、肉中心のどっしりとしたメニューだ。

飲物は、料理のときはリースリングの白で通し、シャーベットには白ワインのゲヴュルツトラミナー。ただしシラク大統領はくつろいだ食事のときの常で、最初にビールを注文した。参加者の中で肉を食べないフィッシャー独外相だけが魚料理とサラダの別メニューで、アルコールも口にせず、ミネラルウォーターで通した。

シャット氏は六歳のときに第二次大戦が勃発した話を両首脳にした。

「ある日を境に、学校はフランス語からドイツ語教育になり、私はドイツ人になりました。そして数年後、戦争が終わると再びフランス人に戻りました。私の父は三回国籍が変っています」

この話に両首脳は深くうなずいた。さらに同氏は、父親が五九年にレストランを開き、家族で切り盛りしてきたことを披露し、「私がオヤジから受け継いだ自慢料理のシュークルートは、両国文化の融合です」と述べると、一斉に拍手がわいた。

シラク大統領が提案した。「今後六～八週間ごとにもつ両国首脳の会談を『シュークルート・クラブ』と名付けませんか」。シュレーダー首相も応じた。「大変結構。われわれは『ザワークラウト・クラブ』と呼ばせてもらいますが」。

三時間におよんだ会談と夕食会。シラク大統領はシュレーダー首相らドイツの一行を見送ると、厨房に顔を出した。会談が上首尾にいってよほど嬉しかったのだろう、上機嫌で料理人一人一人と握手し、「すべて完璧だった。キミたちは素晴らしい外交官だ」と称えた。このとき決まった「六～八週間ごとの非公式の首脳会談」によって、両首脳は最低一ヵ月半から二ヵ月に一度は会って共に食事をしながら話をする機会を持つようになった。仏独関係は再び推進力を得ることになったのである。

エリゼ条約四〇周年

戦後、フランスとドイツの和解の出発点となったのは、一九六三年一月二二日に、フランスのドゴール大統領と西独のアデナウアー首相の間で結ばれたエリゼ条約である。条約の中身自体は無味乾燥だ。曰く、両国首脳は年二回会談する。両国外相は年四回会談する……。友好や協力といった言葉は一度も出てこない。戦災の記憶がまだ癒えない両国は、まず両国首脳が会う枠組みを作り、中身（友好関係）はそれから埋めていくというプロセスを踏んだ。言葉だけでもとりあえず友好を謳って繕う、という幻想はこの条約にはない。しかしエリゼ条約によって、両国関係は始動する。

条約締結四〇周年にあたる〇三年一月二二日、パリ郊外のベルサイユ宮殿にシラク大統領とシュレーダー首相の首脳のほか、フランス国民議会とドイツ連邦議会の全議員約一二〇〇人が参集。盛大な記念式典が開かれた。

シラク大統領主催の午餐会はパリ・セーヌ川畔に建つフランス外務省の大広間でもたれた。出席者は両国関係者約二〇〇人。メニューは次のような内容だった。

〈料理〉

ホタテの料理、トリカスタン風

ポトフ、ラブレー風

チーズ

アイスクリーム、温かいチョコレートとともに

〈飲物〉
リースリング　アルザス・グラン・クリュ97年
シャトー・マルゴー94年
シャンパン　テタンジェ・コント・ド・シャンパーニュ

前菜に合わせたアルザス地方の白ワインはリースリング種を使って、特別に格付けされたアルザス・グラン・クリュ。主菜のポトフにはボルドー地方メドック地区の最高級赤ワイン、シャトー・マルゴー。シャンパンはテタンジェの中でも逸品だが、実際にはサービスされなかった。ドイツ側が「なるべく簡素にしたいので省いてほしい」と求めたのだ。ドイツは財政赤字に対処するため、公務員の賃金抑制、社会保障制度の見直し、増税に乗り出していた。そんなときに贅沢三昧をしているとの印象を与えることを避けたかったのだろう。

エリゼ条約締結四〇周年記念式典は、過去を懐かしむイベントではなかった。対イラク武力行使に向けた米国の動きが風雲急を告げるなかで、両首脳にとって武力行使反対の意思を改めて確認する格好の機会となったからだ。この直後から、国連の場で対イラク武力行使をめぐる米国とフランスの確執は熾烈を極めていくが、フランスが米国に対峙できたのは、ドイツの外交的支持があったからに他ならない。「ドイツが揺れていたらフランスはあそこまで強く出られなかった」と外交専門家は指摘する。二ヵ月後、米国を主導とする多国籍軍は、イラク戦争の火蓋を切るのである。

小泉首相の韓国初訪問

日韓の饗宴外交に戻ろう。〇一年四月に小泉内閣が誕生した前後の時期、日韓関係はいくつかの懸案をかかえていた。教科書問題、北方四島沖の韓国漁船によるサンマ漁問題とともに、最大の懸案は八月一三日に小泉首相が行った靖国神社参拝だった。一〇月一五日、小泉首相はソウルを日帰り訪問した。二〇日から上海でアジア太平洋経済協力会議（ＡＰＥＣ）首脳会議が開かれることになっており、その前に韓国と関係を正常化する必要があった。さもないと、初顔合わせの金大中大統領と握手もできないことになり兼ねなかった。

ソウルに着いた小泉首相は、植民地時代に抗日運動家が多数投獄された刑務所跡地の西大門独立公園を訪れ、「日本が韓国国民に多大な損害と苦痛を与えたことを心から反省とおわびの気持ちをもって見学した」と記者団に語った。青瓦台での会談で、金大中大統領は小泉首相の西大門独立公園での発言を「高く評価する」と語り、双方は共同で歴史研究を行うこと、靖国神社に代わる追悼施設の検討でも合意した。

雑談に移ったとき、小泉首相は「マスコミは私がキムチ嫌いだと言ってますが、私は漬物すべてが苦手なのです」と言って笑いを誘った。首相がかつて韓国高官にキムチが苦手だと語ったことが韓国のマスコミで取り上げられ、「韓国嫌いの本音をキムチにかこつけた」と政治風刺漫画にもなっていた。日本に詳しい金大中大統領は「わたしは漬物が好物で、特にタクアンが大好きです」と応じ、座はどっとはじけた。

つづいて昼食会になった。

韓国式パンケーキロール三種
カボチャのお粥
伊勢海老の蒸し煮と鮑の煮付け
カルビと野菜
ご飯とお吸い物

果物
人参茶と韓国菓子

飲物は、韓国産白ワインのマジュアン・スペシャル（97年）と、フランスのボルドー地方サンテミリヨン地区の赤ワイン。白菜など二種類のキムチのほか、カボチャ炒め、昆布の油揚げなどが小皿に出された。小泉首相も箸をつけ、「このキムチは美味しい」と笑った。

小泉首相は悪化した両国関係を引き戻すことに成功した。韓国マスコミや野党は、小泉首相が西大門独立公園で「互いに反省し、協力しよう」と呼びかけたことに、「植民地にされた側が何を反省するのか」と嚙みついたが、韓国の外交通商省は「互いに、という言葉は、協力するにかかる」と日本側を弁護した。

〇二年のサッカーW杯の共催は、日韓関係が市民レベルで深まる上で大きな役割を果たした。日本側はW杯期間中、韓国人の査証（ビザ）の免除措置をとり、W杯大会開幕には高円宮殿下が皇族としてはじめて韓国を公式訪問した。また日韓国民交流年とされたこの年、多彩な文化交流事業が展開された。金大中大統領によって敷かれた日韓関係の新しい展開は〇三年二月、盧武鉉《ノムヒョン》政権に引き継がれた。

済州島会談

韓国の済州島で〇四年七月二一、二二日の両日、小泉首相と盧武鉉大統領の日韓首脳会談が行われた。両首脳はノーネクタイの打ち解けた雰囲気で会談し、北朝鮮の核問題をめぐる六ヵ国協議で、日米韓の連携を図っていくことを確認。年一回だった首脳会談を年二回にすることも決まった。

会談後、屋外で共同記者会見がもたれた。小泉首相が「白い雲と青い海。素晴らしい環境で率直に会談できたことをうれしく思います」と言えば、盧武鉉大統領は「本日は最高のお客さんに来てもらいました」と応じた。大統領は「任期中は歴史問題を公式に提起しない」とも語った。その夜、盧武鉉大統領主催の饗宴が開かれた。

〈料理〉
魚介の韓国風クレープ包み
海草入りウニ粥

済州産赤甘鯛の蒸し煮
宮中神仙炉
生人参と叩きカルビ焼き
ご飯と魚スープ
済州産マンゴ
五味子茶、三色団子
〈飲物〉
シャブリ　モンテ・ド・トネール99年
シャトー・トロロン・モンド98年

済州島の豊かな海産物を使った料理だが、注目されるのは、韓国産ではなくフランス産のワインを出したことである。しかも白はシャブリ地方の格付け二番手。シャトー・トロロン・モンドはボルドー地方でも濃厚な味わいで知られるサンテミリヨン地区の赤で、この時は格付け二番手だったが、〇六年の格付け見直しで最高級のプルミエ・グラン・クリュ・クラッセＢ（特別第一級Ｂ）に格上げされた。ワイン好きの小泉首相を意識したもてなしだった。

靖国神社参拝や竹島問題など、両国に不協和音はあったが、盧武鉉大統領は小泉首相が対北朝鮮政策で制裁に反対していることを評価していた。

その年の一二月、今度は鹿児島県指宿市で首脳会談が行われた。大統領は日本で対北朝鮮制裁論が勢いを増しているのを念頭に「小泉首相の制裁に慎重な立場を高く評価したい」と述べた。明けて〇五年は日韓友情年が一年間にわたり繰り広げられることになっていた。九八年以来、積み上げられてきた日韓関係は、さらにレベルアップすると思われた。しかしこの流れは突然断ち切られる。

〇五年三月、韓国政府は植民地支配への徹底した反省と謝罪を求める新対日政策四原則を発表した。盧武鉉大統領も日本に断固とした対応をとるとの談話を発表した。島根県議会に「竹島の日」条例が提出、可決されたこと、靖国参拝問題で代替追悼施設建設を検討するとの約束が守られていないことへの韓国側の苛立ちがあったとみられるが、日本側からすると、これまで積み上げてきた成果を台無しにする強硬姿勢だった。

盧武鉉大統領の耳を疑う発言

同年六月二〇日、小泉首相がソウルを訪問した。半年に一回の相互訪問という約束に基づくものだったが、韓国側の意向で「ネクタイ着用」となった。くつろいだ親密な関係を見せることを韓国側が嫌ったのだ。

共同記者発表では大統領は文書に目を落としながら「小泉首相が新たな追悼施設の建設を検討すると約束した」と述べた後、「約束という言葉はなかった」と訂正。「事前に調整されている文章ですので一字も間違ってはいけない」と皮肉っぽく付け加えた。

共同記者発表を終えると、大統領は「きょうの夕食は軽めにする考えです」と述べた。これをテレビの同時中継で聞いたとき、私は耳を疑った。会見の終わりに、そのあとに持たれる会食について、首脳が軽口を叩くことは珍しくない。政治の話の後の雰囲気を和らげる効果もある。しかし両国関係がトゲトゲしいとき、「夕食は軽めにする」という言葉は軽口ではすまない。それは「あなたを歓待しません」「もてなしのレベルを下げます」という意味にとられかねないからだ。しかも食べきれないほどの料理でもてなすのが礼儀といわれている韓国である。外交の場における「食」は、政治的象徴性をもつだけに、一つ間違うとシコリを残す。

一九九六年一二月、ブリュッセルの北大西洋条約機構（NATO）本部で、翌一月に一線を退くクリストファー米国務長官の送別の宴が開かれた。ところがNATOのソラナ事務総長がグラスを掲げて、同長官のこれまでの貢献に賛辞を送っている最中、フランスのドシャレット外相が退席したのである。米メディアの批判に、フランス外務省は「外相は饗宴が終わったと思っていた」と釈明したが、米国務省は「忘れがたい屈辱」と異例の表明を行った。結局、後日開かれた別の会議で、ドシャレット外相は同席した国務長官の中東への貢献を賞賛して落着した。

また一九九八年三月、EU議長国だった英国のクック外相が、EUを代表してイスラエルを訪問したとき、イスラエルのネタニヤフ首相は直前になって、歓迎晩餐会をキャンセルした。クック外相が東エルサレムのユダヤ人入植地を訪問し、「入植地建設が中東和平の障害」であると述べたことが理由だった。このときは同外相が「美食を続けてきたので、抜いて丁度いい」と、英国流ユーモアでかわした。

盧武鉉大統領が「軽めの夕食」と言ったメニューはどういう内容だったのか。

松の実の果汁を入れた海老と筍の和え物

鮑とロブスターとニンニクの炒め物

カルビと松茸
鯛のスープと具入りのご飯
果物
韓国の伝統菓子

デザートは別にして、前回の済州島のときは六品、今回は四品。韓定食と言われる宮廷料理は出ていない。だからといって、ぞんざいな内容とはいえないだろう。

ただ前回までと違ったことがあった。雰囲気だ。食事会に列席したある日本の外務省高官は「盧武鉉大統領にある底意地の悪さを感じた」と言葉少なに、しかし異例の表現で私に語った。砂を噛むような、という雰囲気だろうか。大統領が「きょうの夕食は軽めにする」と口にした心理が、そのまま反映した饗宴の空気だった。

両首脳は一一月一八日、ＡＰＥＣ首脳会議が開かれた韓国・釜山で、短時間の形だけの首脳会談をもった。これより前の一〇月一七日、小泉首相は五回目の靖国神社参拝を行っていた。会談で大統領は靖国神社参拝を批判し、歴史教科書と領土を加えた三つの問題解決を求め、これ以後、首脳会談を拒否した。

シラクとシュレーダー、最後の会食は「海の幸」だけ！

この小泉・盧会談の約一ヵ月前の一〇月一四日、フランスのシラク大統領がシュレーダー独首相をエリゼ宮に迎えて饗宴をもった。首相は総選挙に破れ、一一月に退陣することになっていた。フランスの新聞が「最後の親密なる会食」と表現したように、首相の七年間の労をねぎらう晩餐会だった。

シラク大統領はどんな料理で同首相をもてなしたのか。私の問いにエリゼ宮の担当者は「海の幸の盛り合わせです」と言った。それは前菜？「いえこれだけです」。これには私もビックリした。

海の幸の盛り合わせは、細かく砕いた氷の上に新鮮な生牡蠣や貝類、ゆでたカニ、海老を盛り、大きなお盆に乗せてサービスする、秋から冬にかけてのフランスの名物料理である。私が驚いたのは、一つにはエリゼ宮で「海の幸の盛り合わせ」が出たこと。第二に、本来、この後にあるべき主菜が出なかったことだ。

エリゼ宮でふつうは「海の幸の盛り合わせ」は出さない。なぜかというと生牡蠣、貝類などは生もののため、万が一にも食中毒を出す恐れがあるからだ。シュレーダー首相の大好物とはいえ、リスクはある。これを出すということは、いかに両首脳の親密度、信頼感が深いかの証明である。

エリゼ宮の担当者は「儀式張らない会食にしたいとの大統領の意向です。異例な食事会？ そんなことはありません」と言った。

ジャック、ゲアハルトとファーストネームを呼び合いながら、両首脳が潮の香りがする牡蠣の身をすすり、細長い楊子のような器具でカニの身をかき出す様子が目に浮かんでくる。「軽い食事」でも、こちらは打ち解けた仲を象徴する内容だった。

「海の幸」に合わせた白ワインは、コルトン・シャルルマーニュ94年。ブルゴーニュ地方の公式格付けトップのグラン・クリュ。知る人ぞ知る銘醸ワインだが、なぜこれが選ばれたかが分かる人は仏独の歴史に相当に精通した人である。

ブルゴーニュ地方でも銘酒を生むコート・ドール（黄金の丘）の中程にアロース・コルトン村がある。このあたりのブドウからできるコルトン・シャルルマーニュは、西暦八、九世紀、西方世界を統一し、西ローマ皇帝にもなったシャルルマーニュ大帝（ドイツ語でカール大帝）が畑を所有していたことに由来する。大帝はいまのフランスとドイツにまたがる広大な地域を支配し、その死後、所領は分割され、今日のフランスとドイツが輪郭を表す。つまり仏独の共通ルーツを象徴するワインを、シラク大統領はシュレーダー首相を歓送する晩餐に出したのである。

振り返れば、この二人ほど「食事を共にすることこそ親密になる秘訣」を実践した首脳はいないだろう。〇一年一月にアルザス地方のレストランの会食で、年二回の定期首脳会談のほか、六〜八週間ごとに会うことに合意した。これによって両首脳は年に一〇回は会っていた。恐らく世界の首脳の中で、最も多く食事を共にした仲だ。

仏独関係にも紆余曲折はあった。ただ日韓関係との最大の違いは、どんなときも両首脳が会い、対話をつづけたことだ。一回も首脳会談をキャンセルしたことはない。そしてその際、「食」は類稀なる潤滑油の役目を果たしてきたのである。

第6章

最も相手が難しい国、中国

バッキンガムは最高のもてなしで江沢民を迎え入れた
(1999年10月19日、エリザベス女王による歓迎晩餐会)

プロトコールへの拘り

ゲストとして迎える外国首脳の中で、「最も難しい国は中国」という点で先進国は一致する。事前の訪問準備の折衝で、中国はプロトコールでさまざまな要求をホスト国に突きつけるからだ。

二〇〇六年四月に訪米した中国の胡錦濤国家主席の場合、携わった米政府関係者は「訪米準備で中国側が提起した課題は、ほとんどがプロトコールに関するものだった」と明かす。空港への出迎え、記者会見中のテレビカメラの位置、饗宴の性格、メニューの内容、その執り運び方、最後の見送りと、細部にわたった。

日本も例外ではない。第2章で触れたように、二〇〇〇年一〇月、朱鎔基首相が来日するときの準備でもめている。朱首相は新幹線で東京から神戸に移動し、中国革命の父・孫文ゆかりの洋館「移情閣」（孫中山記念館）などを訪れることになった。その時間、新幹線は新神戸直通の列車がないため、新大阪駅で乗り換えることにした。これに中国側が「新大阪駅止まりの列車を新神戸駅まで走らせればいいではないか」とクレームをつけた。日本側が「それは不可能」と説明しても納得しなかった。「中国は上意下達の体制なので、新幹線の行き先を変更するぐらいなぜできないのだと拘《こだわ》りました。何か魂胆があって変更しないのではとまで疑ったようです」と関係者は語る。

自国の首脳が外国を訪問したとき、敬意を払われ、尊厳が守られることは重要なことだが、先進国同士ならポイントだけは抑えて、あとは相手を信頼して任せるというのがふつうだ。こちらの望むもてなしに必要以上に拘ることは、良好な雰囲気の中での訪問に逆効果になると考える。

なぜ中国は拘るのか。面子の問題もあれば、中国の存在をより大きく国際社会に見せたいとの思惑もあるだろう。ただより真実を言えば、中国の首脳にとって外交こそが国内に向けて権力の所在を見せる最良の機会だからだ。いかにわが首脳が外国で大事にもてなされたか。いかにわが首脳は堂々と振舞い、外国の尊敬を集めたか。いかにわが首脳は中国人民を代表して、中国の存在を国際社会で高らしめたか等々。

そして中国国内で、テレビや新聞が外国における中国首脳の一挙手一投足を報じることで、人々に真の権力がどこにあるのか、真の実力者はだれであるかを改めて思い知らしめる。外国訪問は中国の首脳にとって、国内の権力基盤を強化する重要な機会である。

これから記すのは、とくに中国が重視する国連安保理常任理事国の、米・英・仏三ヵ国の接待ぶりである。

江沢民の英国訪問、「過剰警備」が問題に

中国の江沢民国家主席が九九年一〇月から一一月にかけて英国、フランス、ポルトガルの欧州三ヵ国と、モロッコ、アルジェリア、サウジアラビアを歴訪した。主席はこの年の春にはイタリア、スイス、オーストリアを回っている。

中国の欧州重視には、それなりの理由があった。欧州連合（EU）は、八九年の天安門事件で中国に制裁を科したが、その後遺症も薄れた九五年、将来を見据えて「対中国長期戦略」を策定。九八年には毎年、国連人権委員会に出していた対中非難決議の提出を取りやめ、定期首脳会議を持つようになった。中国にとっても、対米牽制や外交の幅を広げる意味で欧州との関係強化は重要だった。

しかし、中国は思わぬ障害に遭う。米欧は九九年三月、ユーゴスラビア・セルビア共和国のコソボ自治州で、アルバニア系住民が人権抑圧を受けているのを理由に、国連決議を経ずに北大西洋条約機構（NATO）軍による同共和国への爆撃を開始。五月にはベオグラードの中国大使館が誤爆された。中国は、人権のためには内政干渉も許されるという米欧の〝新干渉主義〟に危機感を抱く。欧州歴訪は、米欧連携を牽制し、欧州を

国連の場に戻るよう説得する機会でもあったのである。

英国は、欧州主要国の中で、最も中国との関係改善が遅れていた。八六年にエリザベス女王が国賓として訪中したが、その後、天安門事件や、香港返還後の民主制度をめぐり対立。英国には一三年ぶりの〝答礼訪問〟を、両国関係再始動の機会にしたいとの考えがあった。

訪問準備にあたって中国側が強く申し入れたのは、人権団体などのデモ規制である。英外交筋によると中国側は「反中国的な示威行為を許すとせっかくの友好を損なうことになる」「国賓の尊厳を守るのはホスト国の役割である」と強く牽制したという。

天安門事件以後、中国首脳は先進国の行く先々で、激しいデモに見舞われている。チベット出身者、亡命中の反体制組織、人権団体などさまざまだが、これは中国の神経を逆なでした。この年の春、江主席がスイスを訪問した際には、デモ隊が歓迎式典に押しかけ、式典が途中で切り上げられた。腹に据えかねたのか、江主席はスイス政府首脳の面前で「最低限の礼節をもって訪問者を迎えるべきだ」「スイスはよき友人を失った」と異例の非難をした。対中関係改善が課題だった英国は、中国の要求を受け入れた。

一〇月一八日夜、江主席は英国に到着し、ロンドン市内のホテルに入った。翌朝、国賓としての正式行事がはじまった。まず英陸軍総司令部の庭での歓迎式典。二一発の礼砲、儀仗兵の閲兵、国歌吹奏……。そしてバッキンガム宮殿までの六頭だての馬車によるパレード。英国は国賓訪問でも最大級の儀礼をもって迎えた。ただ江主席とエリザベス女王、それに通訳が乗った馬車は、秋晴れにもかかわらず有蓋で、窓ガラスもピタリと閉められた。沿道には鉄柵が並び、警官がものものしい壁を作った。

パレードの始まる前から、人権団体の一団は沿道から遠ざけられ、チベットの旗や、抗議のプラカード、横断幕は取り上げられた。それでも歓迎の人の間から、活動家が罵声を浴びせ、チベットの旗を持った一人は車道に飛び出し、馬車から数メートルのところで取り押さえられた。「民主化運動家への寛容度ゼロの取り締まり」とタイムズ紙は書いた。

この夜、バッキンガム宮殿で一八〇人が参加して晩餐会が開かれた。英国側からは王室の面々のほか、中国に縁の深い政治家、実業家が招かれた。中国と関係がよくなかったパッテン元香港総督（当時ＥＵ委員会委員）の顔はなかった。英国側が気を使って招待しなかったのだ。

エリザベス女王は歓迎スピーチでこう述べた。「私は主席と同じ年（一九二六年）に生まれ、この年をイヤー・オブ・タイガー（寅年）と教えられました。私たちは動乱に満ちたこの世紀のほぼ四分の三をともに生きてきたことになります」「何百年も昔、英国は中国の陶磁器を模倣し、それをチャイナと名付けました。お茶の習慣も真似し、近年では英国にある中国レストランは人々の生活に不可欠のものとなっています」。

スピリットを利かせるスピーチで知られる女王にしては無難な内容だった。

一方、江主席は答礼スピーチで「今回の私の訪問は、中英関係に新しいページを開くものです。今後、五〇年間、互いに緊密に協力していくなら、中国は高いレベルの民主主義と文明を備えた、強く、豊かで、近代的な国になるでしょう」と述べた。ブレア首相は中国の人権問題を会談で取り上げるといわれており、江主席は「民主主義には時間がかかる」と機先を制したのだ。

この夜のメニューである。

〈料理〉
鴨のコンソメ、香草風味
舌平目のフィレンツェ仕立て

鹿の背肉のポワレ、ポルト・ソース仕立て
サラダ
アイスクリーム
〈飲物〉
シェリー　アモンティリヤード古酒
ムルソー　ジュヌヴリエール92年（シャルル・エ・レミ・ジジョバール）
エルミタージュ88年（ベルナール・フォリー）
シャンパン　クリュッグ（マグナム）82年

舌平目に合わせたムルソーはブルゴーニュ地方の白ワインで、公式格付けは特級に次ぐ二番手の第一級。魚介類にはピッタリだったろう。鹿肉に合わせたエルミタージュはローヌ地方の赤ワインで、強く、コクがあり、ジビエの鹿肉との相性は文句ない。ベルナール・フォリーは素晴らしいワインの造り手として知られる。

注目されるのは、シャンパンの中ではドン・ペリニョンを凌ぐクリュッグが出されていることだ。一八〇人もの招待客がいる饗宴で、生産量が小規模のクリュッグが出されたケースを私は知らない。八二年といういい年のブドウだけで造った、それも大瓶のマグナムだから安定度は確かだっただろう。経費を節減しているバッキンガム宮殿は、どんなゲストにも最高レベルのワインは出さないが、これは例外だ。

江主席は四日間の滞在中、精力的に動き回った。建設中のミレニアム・ドームや、前々年完成したシェークスピア演劇の拠点のグローブ座の見学。大英博物館での中国国宝展のテープカット。ロンドン郊外のグリニッジ天文台。行く先々で気軽に人々に話しかけ、サービス精神を発揮した。

最後の夜は、中国大使公邸で答礼晩餐会を主催し、エリザベス女王をはじめとする王族、政財官界の面々を中国料理でもてなした。女王自身が一国の大使公邸を訪れるのは珍しい。食事が一段落すると、江主席はマイクを握り、自慢の声で中国の民謡を披露。最後はジョン・プレスコット副首相兼環境相が一同を誘って英国民謡を大合唱し、晩餐会を締めくくったのだった。

江主席は英国に好印象を残し、外交的にも一定の成果をおさめた。ブレア首相はNATO軍による中国大使館誤爆を陳謝し、両首脳は国連安保理常任理事国として協調していくことを確認した。コソボ紛争で孤立感を深めていた中国は欧州最初の訪問国で関係を打開することに成功した。

しかし過剰警備は英国内で大きな反響を巻き起こした。江主席が滞在した四日間、四人が逮捕され、一時的に拘束された人は数十人に上った。野党、マスコミは批判し、警備当局からも「行き過ぎだった」との反省の声が出た。これを転機に、英警備当局は外国首脳の訪問ではソフトな警備に徹するようになった。これは六年後の胡錦濤国家主席の訪英の際に、両国の齟齬の種となるのである。

シラクとブッシュは私邸で歓待

英国につづきフランスを訪れた江主席を、シラク大統領は英国を上回るもてなしで歓待した。まず江主席はシラク大統領のリヨン郊外の別荘で週末の二泊をすごした。同大統領が外国首脳を別荘に招いたのは例がない。パリに移動した一〇月二五日から国賓としての行事がはじまった。

フランスは中国とは欧州のなかで最も緊密な関係にあったが、天安門事件直後に一番厳しく中国を糾弾したのがフランスだった。当時、ミッテラン大統領は「中国のような国が世界に存在することは恥ずかしい」とまで言ってのけた。フランスは中国本国を逃れた反体制の学生の亡命を受け入れ、台湾にフリゲート艦やミラージュ戦闘機を売却した。報復に中国は広州のフランス総領事館を閉鎖し、原発建設契約を破棄した。

しかし九四年、フランスは「台湾には兵器を売却しない」と誓約し、相互の首相訪問がはじまった。国際社会で孤立していた中国にとっても渡りに舟だった。この年の九月、江主席が国賓としてフランスを訪問すると、フランスは変わり身早く、米欧諸国の中で最速で対中関係を正常化した。今回の江主席は二回目の国賓訪問だが、同じ元首が五年のうちに二度も国賓待遇を受けるのはあまり例がない。

その夜、エリゼ宮で歓迎晩餐会が開かれた。

〈料理〉
フォアグラの冷製、黒トリュフとブリオッシュ添え
ホタテのタンバル、マルセリナ風
仔羊の背肉、アルムノンヴィル風
シャルトルーズのサラダ
チーズ

デザート　中国の真珠
〈飲物〉
ムルソー　ジュヌヴリエール94年
シャトー・オーブリオン86年
シャンパン　テタンジェ・コント・ド・シャンパーニュ90年

中国首脳のときは常にそうであるように、エリゼ宮の通常の饗宴より一品多い。フォアグラとホタテに合わせたムルソーのジュヌヴリエールは、偶然だが先のバッキンガム宮殿で出たのと同じ白ワイン。主菜に合わせたシャトー・オーブリオンはボルドー地方グラーヴ地区の最高級の赤ワインで、ボルドーの五大シャトーの一つだ。デザートはアイスクリームにホットチョコレートをかけた一品である。

会談でも両国は多くの点で一致した。国連の役割強化、米国の戦域ミサイル防衛（TMD）構想への反対、米上院の包括的核実験禁止条約（CTBT）批准拒否も揃って非難した。フランスは中国の世界貿易機関（WTO）の加盟にも支持を表明。また両国は米国の一極支配を念頭に、多極世界構築でも一致した。

江主席はフランスでもチベット人ら中国の反体制派や、フランスの人権団体の抗議行動に行く先々で遭遇した。しかしフランス当局は極力、江主席の目に触れないよう、かなり手前で規制した。「中国の人権問題で、シラク大統領は江主席にさまざまに配慮した」（ルモンド紙）のだった。

〇二年一〇月二五日には、江主席は米テキサス州クロフォードにあるブッシュ大統領の私邸兼牧場を訪れた。大統領が牧場に招くのは限られた首脳だけで、一一月の共産党大会を機に総書記の座を退き、翌年三月には主席ポストも離れるとみられていた江主席を慰労する狙いがあった。そこには当然、米中関係を安定的なものにした江主席への評価もあったはずである。

江主席一行の車列は気功集団法輪功の摘発に抗議するデモ隊を避けて裏街道を回ったため、予定より三〇分遅れて到着した。会談でブッシュ大統領は、同主席がきたる共産党大会で、すべてのポスト（国家主席、共産党総書記、党・国家中央軍事委主席）から退くのか単刀直入に聞いた。同主席は「多くの人がそれについて話しています」と破顔一笑して、煙に巻いた。

会談後、同主席夫妻はブッシュ大統領夫妻の案内でピックアップトラックに乗って牧場内を見学。引き続いて牧場の食堂で昼食をとった。料理はブッシュ大統領夫妻が贔屓にしている牧場近くのバーベキュー・レストランのケータリングだった。

地元産ナマズのフライ、タルタルソースで、エンドウ豆のサラダのつけ合せと
牛の胸肉と、ポークの骨付き肉のバーベキュー
テキサス産ポテトのサラダ、牧場産の豆と一緒に
ナッツ入りチョコレートケーキと、ナッツのタルト

ナマズやバーベキューなどワイルドなテキサス料理で、飲物はビールとワイン。わずか四時間の滞在だったが、江主席にとっては米大統領との親密な関係を、国内に誇示する格好の機会となったのである。

冷めてきた中国熱

江主席は予定通り、一一月の共産党大会で党総書記を辞任し、総書記ポストを胡錦濤副主席に譲った。翌〇三年三月には国家主席ポストも渡した。

その三ヵ月後の六月、胡主席はシラク大統領の招待でエビアン・サミットに出席し、国際社会にデビューした。さらに七ヵ月後の〇四年一月、胡主席は再び同大統領の招待で、今度は国賓としてフランスを訪問した。

フランスのドゴール大統領は一九六四年、他の先進国に先駆けて中国と国交を結んだ。その四〇周年に当たる一月二七日、胡主席を迎え、両国関係を強化しようとの思惑がフランスにあった。アフリカ歴訪の日程が入っていた胡主席だが、フランスの熱意に応えて、わざわざルートを変更した。

江主席の九九年の訪仏以降、両国関係は一段と親密さを増していた。イラク戦争では米英の武力行使に反対し、フランスはＥＵが科していた中国に対する武器禁輸措置の解除を率先して訴えていた。

胡主席を迎える環境作りは周到だった。訪問直前の週末、シャンゼリゼ大通りから車が締め出され、中国から派遣された歌舞団が、旧正月を祝う踊りや、龍の舞を見せた。胡主席の滞在中には、エッフェル塔が中国の五星紅旗と同じ赤色にライトアップされた。これまで限られた首脳しか行なっていない国民議会（下院）での演説の場まで用意された。

訪問初日の二六日夜、エリゼ宮でもたれた歓迎晩餐会である。

〈料理〉
コンソメ
トマトとカニと野菜の前菜、キャビア・ソースで
スパイス香の仔羊、ピーマンとズッキーニの花添え
季節のサラダ
チーズ
デザート　チョコレートケーキとアイスクリーム

〈飲物〉
コルトン・シャルルマーニュ96年
シャトー・ランシュ・バージュ90年
シャンパン　ルイーズ・ポメリー89年

饗宴のレベルの高さは一目瞭然だ。前菜に合わせたコルトン・シャルルマーニュはブ

ルゴーニュ地方の格付け最高級の白ワイン。主菜に合わせた赤ワインはボルドー地方メドック地区の格付け第五級だが、実力はそれをはるかに凌ぐ。ルイーズ・ポメリーはポメリー社が八五年から造っている特醸ものだ。

歓迎スピーチに立ったシラク大統領は、三月に台湾で実施が予定されている対中政策を問う住民投票に触れ、「一方的な現状変更（住民投票）は統一より分断を利する結果になり、重大な誤りだ」と台湾を批判した。仏外務省スポークスマンは事前ブリーフィングでは「台湾の住民投票問題には触れない」と述べていたが、中国の執拗な要求にシラク大統領が自らの判断で踏み込んだ。胡主席は「中国の一体性に対する仏政府の態度を高く評価する」と最大級の謝辞を返した。ＥＵの対中武器禁輸でも、フランスはこれを解除する必要を繰り返し、中国を喜ばせた。

しかし、国民議会での胡主席の演説には、与党議員を含め約半数の議員がボイコットした。人権問題をあいまいにして対中接近を図る大統領と政府への抗議でもあった。

このフランス訪問から一年一〇ヵ月後の〇五年一一月、胡主席は英国など欧州三ヵ国を訪問した。

この頃になると、中国に対する欧州の空気は微妙に変化していた。手放しの中国熱から、少し距離を置いて眺める姿勢になっていた。転機は〇五年三月、台湾を念頭に置いた中国の反国家分裂法の採択だった。対中武器禁輸を解除しようとしていた矢先、台湾に対する武力行使を排除しない同法の採択は、ＥＵに冷水を浴びせた。集中豪雨的な中国製の衣料品の流入も、欧州の繊維産業に打撃となりつつあった。また中国の模倣製品の氾濫による知的財産権の侵害も、無視できない規模になっていた。

英王室スポークスマンは胡主席訪問の数日前、記者ブリーフィングで胡主席の英国滞在中の三日間の行事日程を発表した。記者団から質問が飛んだ。「国賓として来るのに、なぜ行事が少ないのか」「ロンドン市内から一歩も出ないのはなぜか」。

胡主席が宿舎のバッキンガム宮殿を出るのは、ブレア首相との会談・昼食会、王立芸術博物館での清朝皇帝三代展のテープカットなどわずか四回。九九年に訪英した江主席が精力的に出歩き、英国民と積極的に触れ合ったことと比べても寂しい。王室スポークスマンは「短い滞在日程では行事に限りがある」と弁明をしたが、人権団体の規制をめぐる対立が背景にあった。

中国側は胡主席が訪れる場所から活動家を締め出すように求めた。しかし英国側は、ロンドン警視庁が外国の賓客に対してはソフトな警備を旨としていることを理由に断った。六年前の、江主席の時の苦い経験があったからだ。

中国側は、「主席の尊厳が傷つけられることは認められない」と、英国側が提案した市内見学、買い物、郊外への遠出などの諸行事を拒否。胡主席は多くの時間をバッキンガム宮殿で過ごすことになった。英インディペンデント紙は「女王にとっては悪夢の三日間」と書いた。プロトコールに則り、国賓が宮殿にいる限り、女王は一歩も宮殿を離れられないからだ。

一一月八日、ロンドン入りした胡主席は、陸軍総司令部からバッキンガム宮殿までエリザベス女王と馬車でパレードした。沿道には中国国内の人権弾圧に抗議する活動家など数百人が「チベット占領にストップを」「中国に民主主義を」と書いたプラカードを掲げて抗議の声を上げた。江主席のときのような予防拘束は一切行われず、警備ラインを越えない限り、当局は抗議行動を黙認した。

その夜、一六〇人を招いた女王主催の晩餐会が開かれた。チャールズ皇太子は所用を理由に欠席した。皇太子は中国嫌いで通っており、欠席の理由は言うまでもない。女王は歓迎スピーチで「中国がどのような国を作るのか、世界でどのような役割を演じるのか、すべての人々の関心事です」と述べ、中国の民主主義、人権問題などに婉曲に触れた。さてメニューである。

〈料理〉
舌平目、ポンパドゥール風
仔羊肉のマスコット風、アーティチョークとポテト添え
蒸した人参、エストラゴン風味
ズッキーニのバター炒め
クルミと松の実のサラダ
チョコレートのムース、ラム酒とマカロンで

〈飲物〉
シャサーニュ・モンラッシェ　レ・ヴェルジェ00年
シャトー・ピション・ロングヴィル・コンテス・ド・ラランド88年
シャンパン　ルイ・ロデレール96年

舌平目は、トマト、トリュフ、白ワインで味付けした料理で、これに合わせた白のシ

ャサーニュ・モンラッシェは、フランス・ブルゴーニュ地方二番手の一級格付け。造り手のフォンテーヌ・ガニャールは、ジェット戦闘機のエンジン技師からワイン造りに転向した人物で、注目されている。仔羊に合わせた赤ワインは、フランス・ボルドー地方のポイヤック村の、これも二番手。華やかで女性的な味わいが特徴だ。高いレベルのもてなしである。

しかし胡主席は数少ない外出でも、毎回抗議デモに迎えられた。王立芸術博物館で行われた清朝皇帝三代展のテープカットでは、活動家らの「人権弾圧反対」のシュプレヒコールが館内まで響いた。

胡主席は前任者のような存在感を見せずに訪問を終えた。英国を離れて二日後、低調だった訪問に追い討ちをかけるような事態が起きた。英大衆紙がチャールズ皇太子の覚え書きをスッパ抜いたのだ。香港返還式典に出席したときの様子を友人に書き送ったもので、「(中国首脳陣は)ぞっとする古いろう人形のようだった」「中国兵はアヒルのように足を上げ、嫌悪感を溢れさせるソ連スタイルで歩く」と記す。皇太子は大衆紙に対し法的措置を取ったが、覚え書きが本物であることは否定しなかった。

もめにもめた米国訪問のプロトコール

胡主席が公式に米国を訪問し、ブッシュ大統領と会談したのは、訪英から五ヵ月後の〇六年四月である。この首脳会談は最初は〇五年九月に予定されていたが、ハリケーン「カトリーナ」と重なり、米側の要請で延期されていた。

この訪問をめぐって両国には齟齬があった。ブッシュ大統領はテキサス州クロフォードにある私邸兼牧場での会談を望んだ。両国が抱える諸問題について、サシでじっくり話し合いたいと考えたからだ。しかし守勢に立たされるのを嫌った胡主席はこれを拒否した。

ホワイトハウスで会談すると決まった後も、国賓訪問か公式訪問かで食い違った。中国はクリントン大統領時代の九七年、江主席が国賓で遇されたことをタテに、国賓訪問に固執した。もっとも江主席訪米もすんなりと実現した訳ではなかった。

江主席は九五年、一〇月にニューヨークの国連創設五〇周年記念特別総会に出席する機会に、ワシントンを国賓訪問したいと申し入れた。このとき中国が前例に挙げたのが、カーター大統領時代の七九年、副首相だった鄧小平が国賓並みの待遇で訪米したことだった。しかし米国は、江主席を国賓として迎える条件は熟していないと断った。

そして二年後の九七年、国賓訪問が決まると、中国側は次々に要求を出した。たとえば晩餐会会場がホワイトハウスの南庭に設定されているのを知って、館内のイーストルームに変更するよう求めた。鄧小平もイーストルームだったとの理由だったが、三五〇人が食事するには南庭しかなかった。このため米側は招待客を二〇〇人に削った。

米国は胡主席の訪米について、九五年の江主席のときと同様、両国は安全保障、貿易摩擦、イランの核問題へのアプローチなどで食い違っており、国賓で迎えるには機は熟していないと反論した。結局、中国側は国賓訪問と称し、米国側は公式訪問と呼び、それぞれに都合よく解釈することで落ち着いた。

両国担当者の事前準備の打ち合わせも、これまでの例に違わず、「中国はひたすらプロトコールの細部にこだわった」（米ニューヨーク・タイムズ紙）という。〇五年末まで米国家安全保障会議のアジア担当だったマイケル・グリーン氏は、〇五年九月の胡主席の訪米準備を担当したが、「中国側との交渉の八〇％はプロトコールに費やされた。中国側は中国国内のテレビ視聴者を強く意識していて、胡主席がどのようにもてなされるかに極めて神経質だった」と語る。

中国側はホワイトハウスが過去、外国首脳をどのようにもてなしたか、詳細なリストをもっていた。誰それのときは、空港に出迎えたのはどのクラスの人間で、歓迎式典の祝砲は何発で、どのようなメニューが出されたかなどを示し、胡主席に対しては最上級の接遇を求めた。結局、ワシントン滞在中、迎賓館のブレアハウスに宿泊し、歓迎式典では最高の二一発の礼砲や、米独立戦争時の衣装による行進など、胡主席に国賓並みの待遇を与えることに米国は同意した。

しかし譲らなかったのが昼食会だった。国賓訪問のときはホワイトハウスで豪華な晩餐会が開かれる。しかし米国は昼のワーキングランチとした。国賓訪問とならない最後の一線でもあった。

四月二〇日午前、ホワイトハウス南庭で、胡主席を歓迎する式典が行われた。しかしハプニングがつづいた。中国系米国人の女性が記者団にまぎれて入り込み、胡主席の演説中、記者席から法輪功の弾圧に抗議して罵声を浴びせたのだ。さらにつづく国旗掲揚でも台湾の英語呼称である「リパブリック・オブ・チャイナ」と読み上げられた。明らかに米側の失態だった。ブッシュ大統領は式典の後の会談で不手際を謝ったが、中国側は内心穏やかでなかっただろう。中国国内で流された映像では、抗議の場面がカットされたのは言うまでもない。

会談後、ワーキングランチに移った。女子フィギュアスケート選手のミッシェル・クワン、デザイナーのデレク・ラムなどの中国系米国人、国際的な中国人ピアニストのラン・ラン、俳優のロン・シルバー、キッシンジャー元国務長官ら中国と関係の深い政財官、芸能界の面々が招かれた。昼食会のメニューは次の通りだった。

〈料理〉

ワケギ入りのコーンスープ

ショウガ香の肉団子

アラスカの大カレイ、マッシュルームとともに、サヤエンドウ、春野菜、甘人参を添えて

レタスと焼きホウレンソウ、バニュルス酢入りのドレッシングで

デザート

メロン三種

ショウガとオレンジの皮の甘煮

温かいアーモンドのケーキ

〈飲物〉

ニニートン・シャルドネ02年

晩餐会ではメインに肉をもってくるのが普通だが、昼ということで魚がメインである。中国を意識してワケギ、ショウガなどの食材を使っており、ホワイトハウスは「東西のフュージョン（融合）料理」と説明する。ニュートン・シャルドネは、カルフォルニア州ナパ渓谷で造られている白ワインで、オーナーは中国系米国人の女性。最初の乾杯も、料理すべてもこの白ワインで通した。ワーキングランチに則ったやり方だった。

昼食会は和気藹々と進んだ。米社交界では超有名人のミッシェル・クワンは、ブッシュ大統領の隣の上席を与えられた。規模、顔ぶれの華やかさは晩餐会並みで、そうでないことを示すのはメニューと、食後のエンターテインメントがないことだった。

晩餐会でもワーキングランチでもない曖昧さ。この頃の米中関係をそのままに反映していた。

第7章

ナマコのスープ、ツバメの巣のスープ

安倍総理の歓迎晩餐会を巡っては、日中間でひともめあった
(2006年10月8日の日中首脳会談。右は胡錦濤主席)

歓迎レベルは、安倍首相より小泉首相の方が上だった

二〇〇六年九月二六日、安倍晋三氏が新首相に就任した。その一二日後の一〇月八日、安倍首相は冷え込んだ日中関係を立て直すため、中国を一泊二日で訪問した。

日本の首相は、就任後の初外遊を米国からはじめるのが通例だ。例外としては中曽根康弘首相の韓国訪問があるが、最初に中国を訪問したのはこれが初めてだった。

胡錦濤国家主席と会談した安倍首相は、靖国神社を参拝するかどうかは言及しないとした上で、「政治的困難を克服する観点から、適切に対処したい」と表明した。また日中の共通利益を追求する「戦略的互恵」の構築を提案し、胡主席も賛同した。日中両国の有識者による歴史共同研究を年内に開始することでも一致した。

その夜、人民大会堂で温家宝首相主催の歓迎晩餐会が開かれた。

〈料理〉

前菜

ツバメの巣のスープ

伊勢海老のニンニク炒め

松茸と野菜炒め
牛アキレス腱の醤油煮込み
クルミ入り焼きパイ
お菓子
果物
〈飲物〉
長城赤ワイン02年
長城白ワイン02年

中国の歓迎宴の基本は、前菜とデザートを別にして、スープ一品と料理四品の「四菜一湯」。八〇年代までは品数が多いほど良しとされたが、華美が戒められるようになった九〇年代初め、「四菜一湯」が基本となった。安倍首相のメニューは、クルミ入り焼きパイ以降はデザートのため「三菜一湯」。基本的な構成より一品少なく、晩餐会としては軽めだ。ちなみに小泉純一郎首相が訪中した〇一年一〇月、釣魚台迎賓館の養源斎でもたれた歓迎宴のメニューと比べてみよう。

前菜
山海の珍味スープ
フカひれの煮込み
上海蟹のグラタン
鱈の甘味焼き
まくわ瓜の器に茸の盛り合わせ
ツバメの巣入りココナツミルク
お菓子
果物

ココナツミルクからデザートで「四菜一湯」。安倍首相より一品多い。フカひれ、ツバメの巣、上海蟹など、珍味や贅沢な食材も取り揃えている。小泉首相は昼食、安倍首相は晩餐会であり、常識的には昼食会より晩餐会の方が重めなのに、である。

しかも会場は養源斎。釣魚台には一八のコテージがあるが、その一つである養源斎には常に最高の料理人が配され、重要な賓客のときにだけ使われる。

小泉首相がポストに就いた前後の時期、日中関係を冷え込ます懸案が続いた。「新しい歴史教科書をつくる会」が主導した扶桑社の歴史教科書が検定を合格し、心臓病治療を理由に訪日査証を申請した台湾の李登輝前総統に、退陣間際の森喜朗首相が査証を発給している。これに追い討ちをかけたのが、森首相を継いだ小泉首相が、八月一三日に靖国神社を参拝したことだった。

日本側は事態打開のため、水面下で日中首脳会談を打診した。一〇月二〇、二一の両日、上海でアジア太平洋経済協力会議（ＡＰＥＣ）首脳会議が予定されており、その前に中国首脳に会っておかなければ、緊張関係のままＡＰＥＣで初顔合わせという事態になる。

膠着状態を動かしたのは九月一一日の米同時多発テロだった。日本が反テロ国際協調を主要議題とした日中首脳会談を提案し、中国が同意した。中国としてもＡＰＥＣを成功させる必要があった。ただ首脳会談の条件として日本に①北京郊外の盧溝橋の訪問、②歴史認識を表明する――を求めた。

ＡＰＥＣ開催一二日前の一〇月八日、小泉首相は忙しい日程の合間をぬって日帰りで中国を訪問した。まず日中戦争の発端となった北京郊外の盧溝橋を訪れた。現職の日本の首相では、九五年の村山富市首相以来二人目だった。つづいて人民抗日戦争記念館で献花し、犠牲者に黙禱した。この後、「論語」の中の曾子の言葉からとって「忠恕《ちゅうじょ》（思いやり）」と揮毫した。歴史問題で相手を問い詰めるだけでなく、赦す寛容さも必要ではないか、との言外の意がこもっているようにも感じる。

この後、江沢民国家主席、朱鎔基首相と会談。江主席は「これで不正常な二国間関係は改善の方向に踏み出す」と言明。朱首相は小泉首相の盧溝橋訪問を歓迎すると同時に、「歴史問題は中国人にとって敏感な問題であることを理解してほしい」と述べた。

つづく朱首相の歓迎昼食会のメニューが先に挙げた内容である。このもてなしから感じるのは、小泉首相に対する中国の高い評価だ。社会党の村山富市元首相以来、二人目となる盧溝橋訪問と戦争記念館の訪問。小泉首相は歴代自民党首相が敬遠していた領域に、躊躇なく踏み込んだ。翌〇二年には海南島での経済フォーラムで、同首相は「日本にとって中国はチャンスである」と言い切った。日本で中国脅威論が喧伝されていた時期の同首相の発言を、中国は高く受け止めた。その後、毎年繰り返すことになった靖国参拝で日中関係は悪化するが、ある時期まで中国は小泉首相に期待を抱いていた。

結構いける中国産ワイン

安倍首相のメニューに戻ろう。実はこのメニューをめぐって、饗宴前に日中間でひともめあった。

事前に中国側から配られたメニューには、「ツバメの巣のスープ」はなく、「ナマコのスープ」とあった。これを見た日本側は「おかしい」と中国側に指摘した。日本側の認識では、最も格が高いのは「ツバメの巣のスープ」、続いて「フカひれのスープ」、そして「ナマコのスープ」の順だ。「もてなしのレベルが低いのではないか」というのが日本側の言い分だった。中国側は「ナマコのスープは中国では珍重されている一品だ」と反論したが、日本側の拘りに「差し替えましょう」と約束した。厨房はてんてこ舞いだったようだが、何とか間に合わせた。

この柔軟な姿勢は何だったのだろうか。政権交代を機に対日関係を改善したい中国としては、メニュー程度で揉めたくなかったこともあるだろう。日本がそこまで固執するなら、気の済むようにしようと考えたのかも知れない。基本より一品少ない「三菜一湯」だったことを見ても、中国側は、安倍首相の訪中は日中関係を正常に戻すための緊急的なものであり、饗宴も付随的なものと考えていた形跡がうかがえる。

料理でもう一つ感じるのは、〝日本的要素〟である。松茸、伊勢海老など、日本で珍重されている食材は、本来の中国料理ではポピュラーではない。「日本的な要素を込めることで日本側を喜ばす意図がうかがえる」と、釣魚台の饗宴に通じた人は私に語った。この人によると、釣魚台や人民大会堂の料理人は、九〇年代末ごろから交代で先進各国のレストランに研修に出されている。それぞれの国の料理を学び、そのエッセンスを今後の中国料理に生かしていくためだ。「中国はいま新しい饗宴料理を模索中で、安倍首相の料理にもそれが反映している」と言う。

飲物はどうだったか。中国の饗宴ではかつては「白酒《パイチュウ》」と呼ばれる、穀物から造った蒸留酒が出された。毛沢東がニクソン米大統領をもてなし、周恩来が田中角栄首相を接待して有名になった貴州特産の茅台酒《マオタイ》もその一つとして知られている。

この茅台酒の他に、五粮液（四川省）、剣南春（同）、瀘州特曲（同）、郎酒（同）、洋河大曲（江蘇省）、西鳳酒（陝西省）、汾酒（山西省）が八大銘酒。このうち高粱・大米（トウモロコシ）・小米（粳米）・糯米・小麦の五穀から造る五粮液《ウーリャンイエー》が最高の白酒といわれている。白酒のアルコール度数は四〇度程度だが、以前は五〇度以上あった。ふだん簡単には飲めない高い酒のため、ゲストに勧めながらホスト側が飲みすぎてもてなしの体をなさなくなるなどの理由で、「四菜一湯」が決まった頃から白酒ではなく、中国産ワインを出すようになった。それも赤ワインだけで通す。

場合によってはワイングラスと並んで、白酒用の小さなグラスが客の前に置かれ、ワインの合間に白酒が注がれることもあるが、あくまでワインが主である。中国のワイン生産量は現在、豪州を抜いて世界第六位。外国人の技術指導もあって質は向上しており、いいものは饗宴に出せるレベルだ。

安倍首相のときは白と赤のワインが出された。加えてふだんは出さない貴州茅台酒の中でも、特に高価なものが供されている。安倍首相はあまりアルコールを飲まないが、かなりたしなむ昭恵夫人のための気配りと日本側はみた。つまり右派で知られる安倍首相の評価は今後を見守るが、対中関係打開への意欲にはそれなりの配慮で応える。メニュー全体をみるとそのような意図がにじんでいたように思われる。

小渕首相よりも豪華だった共産党・不破委員長の歓迎晩餐会

さかのぼって九九年七月に訪中した小渕恵三首相のケースを見てみよう。

この前年九八年六月、江主席は訪中したクリントン米大統領から、台湾の独立の不支持など台湾問題で「三つのノー」を引き出した。同年一一月、訪れたロシアでは「台湾への武器不売却」も加えて、「四不政策」を認めさせた。米露での外交的勝利による気負いがあったのだろう。訪露後に来日した江主席は、台湾問題と歴史問題の二つで日本の譲歩を執拗に求め、従来の立場を崩さない日本との間でシコリを残した。

しかしその八ヵ月後、小渕首相を迎える中国側の姿勢は一変していた。中国外務省は事前に主要マスコミを集めた説明会で「日中関係は中国の周辺外交全体にとって重要である。積極的に報道せよ」と指示した。また「小渕さんを困らせるようなことはしない」とのメッセージを日本政府に伝えていた。この背後には中国と欧米の関係の冷え込みがあった。九九年に入り、米国では中国技術者の核スパイ疑惑が問題となり、五月にはコソボ紛争で北大西洋条約機構(NATO)軍がベオグラードの中国大使館を誤爆した。世界貿易機関(WTO)加盟をめぐる米国との交渉も難航していた。中国は対日関係を重視せざるをえなくなっていた。

一方の小渕政権は、自自連立から自自公連立に政権基盤を広げ、世論支持率は五〇%を超えた。江主席の訪日時と比べ、首相の政治的立場は格段に強まっていた。

人民大会堂で七月九日、朱首相主催の小渕首相歓迎晩餐会が開かれた。

前菜
冬瓜のスープ
フカひれとスッポンの煮込み
ビーフステーキ
野菜炒め
鱈のあんかけ
お菓子
果物
豆のパイ

「四菜一湯」のメニュー。冬瓜のスープは、冬瓜のワタをくりぬいて蒸した器にスープが盛られ、内側の果肉をこそぎながら食べる。ビーフステーキは、牛肉の繊維をほぐし、蒸して柔らかくしたのを焼いたもの。中国料理で肉と言えば豚か鶏だが、牛を使っている点を見ても、モダンな饗宴料理と言える。フカひれ、スッポンなどの珍味、また中国では高級とされている鱈も使われていて、かなり豪華な印象だ。

饗宴の間、人民解放軍軍楽団による演奏が行われ、中国の曲に混じって、日本の「北国の春」「ソーラン節」「四季の歌」の三曲が演奏された。

この日の昼、小渕首相は江主席主催の昼食会に出席、出発当日の一〇日朝は、銭其琛副首相主催の朝食会のもてなしを受けた。相次ぐ歓待は、日本重視のメッセージだった。九八年一一月の江主席訪日以降、日中関係は一気に悪化していった印象が強いが、米欧などの要素も絡んでおり、必ずしもそうではなかったのである。

小渕首相が訪中した一年前、日本共産党と中国共産党が和解し、不破哲三委員長ら日本共産党の代表団が訪中している。日中両共産党は六六年から始まった文化大革命で関係を断絶し、毛沢東は米帝国主義、ソ連修正主義、日本反動、それに日本共産党を「四つの敵」に挙げるほど、両党は反目した。その後、中国は米国、日本、ソ連とは関係を改善したが、日本共産党とは断絶したままだった。

正常化に向けた最初のシグナルは中国からきた。九七年七月の都議選で議席を大きく伸ばした日本共産党を人民日報が肯定的に評価。一一月、都議会の超党派の代表団が訪中すると、中国共産党の中央対外連絡部（国際部）が日本共産党都議二人を非公式に夕食会に招待。朱達成秘書長が「日米防衛協力のための指針（ガイドライン）に対する貴党の正しい態度に感謝している」とのメッセージを日本共産党指導部に託した。

一二月には人民日報紙上で、中央対外連絡部の戴秉国部長が日本共産党に関係正常化を呼びかけ、両党の公式接触がはじまった。九八年四月には胡錦濤国家副主席が来日し、小渕首相主催の歓迎夕食会の席上、招かれていた不破委員長が胡副主席と握手し、言葉をかわしたのである。六月には、北京での両党会談で、自主独立、対等平等、内部不干渉などの原則に立って関係正常化に合意した。

これを受け、中国共産党の招待で七月一九日から二三日まで、不破委員長や志位書記局長ら日本共産党幹部が訪中。二〇日、胡錦濤副主席が釣魚台で歓迎夕食会を催した。

海の幸の前菜
四種類の野菜の取り合わせ
イカの卵巣のスープ
フカひれ姿煮

ニンニク風味の大正海老
肉団子の煮込み
鮮魚のから揚げのあんかけ
鶏とその肉汁を和えた中国菜
ユリ根のフルーツポンチ
お菓子
果物

「六菜一湯」で、イカの卵巣、フカひれなど珍味の食材も使った豪華な内容だ。代表団の一員として列席した同党広報部長の島津吉郎氏は「歴史の深さを感じさせるもので、大変美味しかったです」と語っている。これまで見たメニューの中で、最も中国らしい中国料理だ。飲物に茅台酒が出たのも、もてなしの高さを示している。

歓迎宴では、胡副主席から大きなパネル写真が不破委員長に贈られた。同副主席が訪日した際の小渕首相主催の歓迎夕食会で、副主席と不破委員長が握手した場面で、「歴史的な瞬間の歴史的写真です」と同副主席は一同を笑わせた。

翌日、江主席は日本共産党代表団との会談で、予定の一時間を倍近くも超えて応対し、異例の厚遇を示した。この時期、中国が日本共産党との関係正常化にイニシアチブをとったのは、偶然ではないだろう。日米両国は九六年からガイドラインの見直し作業を進め、九九年五月に国会で可決された。

日本共産党は新ガイドラインに反対し、さらに過去の反省に対する同党の主張も、歴史認識を重視する江政権と重なる。中国にとって友党だった日本社会党が消滅し、日本政府を牽制する上で日本共産党との提携は、日本の世論に働きかける上で有力な武器である。中国が日本の首相を超える手厚いもてなしで日本共産党の代表団を遇したのも頷けるのである。

陳水扁総統が進めた「饗宴の台湾化」

中国のもてなしぶりを紹介したからには、台湾のそれも明らかにしよう。

戦後、中国と政権の正統性を争ってきた中華民国の台湾が、外国の賓客のもてなしで中国料理に拘ったのは当然といえるだろう。台湾の独自性を主張しはじめる李登輝総統にしても、中国料理は動かさなかった。しかし二〇〇〇年三月、台湾独立派の民進党の陳水扁が総統選挙で勝利し、総統に就くと、「饗宴料理の台湾化」を打ち出した。

〇一年一月九日、首都・台北の総統官邸で、ガンビアのヤヤ・ジャメ大統領夫妻の歓迎夕食会がもたれた。

前菜の盛り合わせ
トマトとオックステイルのスープ
羊のピリ辛炒め
蓮の葉でまいた鶏と山芋の蒸しもの
鴨の照り焼き
魚とアーモンドのオレンジソース和え
野菜の団子蒸し
お菓子
新鮮な果物

これを準備したのは老舗ホテル「圓山大飯店」。同ホテルはこれまで饗宴料理を一手に引き受けてきた。台湾料理といっても洗練された、創作的要素を入れた料理である。

しかし陳総統の大胆な「饗宴革新」はここにとどまらなかった。〇二年から首都ではなく、地方で開催することを決めたからだ。当時、私がインタビューした台湾外交部のスポークスウーマンだった張下月さんは、こう狙いを説明した。

「中国の妨害工作もあって、台湾は世界の二七ヵ国（当時）としか外交関係をもちません。ですから国民の全面的な支持を得た上で外交を展開しなければなりません。そのために外交を国民に身近なものとし、より深く理解してもらうために、台湾各地で外国元首の饗宴を開くことにしました」

〇二年三月、アフリカ・チャドのデビ大統領のときは、台湾中部・嘉義市、七月のハイチのアリスティド大統領のときは中部・彰化県が選ばれた。

ただ饗宴料理の台湾化と地方開催には、国内向けのシグナルも込められていた。大企業や富裕層を支持基盤とする国民党政権に対し、民進党は一般大衆の支持で政権を握ったこともあり、贅沢、奢侈、浪費といったイメージを薄めたかったとみられる。

〇二年八月二〇日、南米パラグアイのゴンサレス・マキ大統領夫妻が国賓として訪れた際、台湾中部の雲林のホテル「剣湖山飯店」でもたれた饗宴メニューである。

山芋とイクラの前菜
伊勢海老の蒸し物
里芋のモチ
マスの蒸し煮
地鶏の料理
ダチョウの焼き物
筍ご飯
まくわ瓜のデザート
雲林の果物

料理を任されたのはホテルの料理人だが、ダチョウも含め、ほとんどが地元の食材を使った。ただ飲物は不変だ。乾杯はシャンパンで、料理に合わせるのは、甕で五年以上寝かせた紹興酒の「精醸陳紹」。もちろん大陸の紹興の地で造られたものではなく台湾製。さすがに国賓に地方の地酒とはいかないからだ。

第8章

ホワイトハウスの饗宴

「あっと驚くようなことが起きるのを楽しむ癖がある」
と語り合った二人の大統領。その六日後……
(2001年9月5日、ブッシュ大統領によるフォックス・メキシコ大統領歓迎晩餐会)

クリントンからブッシュ、カジュアルからフォーマルへ

ブッシュ大統領は二〇〇一年一月、第四三代大統領としてホワイトハウス入りすると、スタッフを集めてこう申し渡した。

「私の執務室に入るときは、よりフォーマルな服装を心がけてほしい」

前任のクリントン大統領はノーネクタイのカジュアルなファッションで執務することは珍しくなかったし、スタッフも同様のスタイルで大統領執務室に気軽に出入りした。ファッションが象徴する前大統領の気取りのなさ、自然体、権威的なものへの拒否感覚(若き日、ベトナム戦争の徴兵を忌避した)といった資質は、九〇年代の米国社会と深いところで通じ合っていたように思われる。

しかしカジュアルな生き方は、一つ間違うと、人と人の間のエチケットやルールを損なう結果になりかねない。場所もわきまえず女性実習生と不倫関係をもった同大統領の定見のなさは、その行き着いた先だった。

ブッシュ大統領のフォーマルな服装着用令は、秩序見直し、規律の重視という米社会の保守化の流れと通底している。没個性の象徴だったスーツは、二〇〇〇年ごろから責任と真面目さ、信用と手堅さを示す記号となり、ITバブルの崩壊と9・11はこの潮流

を決定付けた。

つまりクリントンからブッシュへの交代は、社会のカジュアルからフォーマルへの移行を映し出しており、これはホワイトハウスの饗宴にも現れた。

クリントン時代、招待客は年々膨れ上がり、二〇〇〇年のインドのバジパイ首相歓迎晩餐会のときは何と七〇〇人に上った。豪華さ、派手さという点でも際立っていて、女優やスポーツ選手など著名な人々が多数招かれ、食後は世界的に有名な歌手や音楽家の演奏会、独唱会がもたれた。終わるとダンスパーティーになって、未明まで賑わうことも少なくなかった。饗宴の開始時間が遅れるのも、料理長の頭痛のタネだった。

大統領の開放的な性格を示す好例はコーラだ。饗宴では大統領の前にコーラの缶、それも糖分を減らしたダイエット・コーラが置かれた。自分で缶のプルタブを引っ張って開け、グラスに注がず、そのまま口に運ぶ。最初に目にした人はあっけにとられた。

ブッシュ大統領になってから招かれた人が異口同音に言ったのは、クリントン時代と比べ饗宴が威厳に満ちたものになったことだ。招待者の数は抑えられ、規模も小さくなった。ダンスパーティーも夜一〇時にはお開きとなる。ブッシュ大統領自身は若いころのアルコール中毒の体験もあって禁酒を守っており、食事中もミネラルウォーターかコーラで通す。このため招かれた方も自然とアルコールを控えた。

最初の国賓はメキシコ大統領

大統領に就任後、ブッシュ大統領が初めて国賓として招いたのは、〇一年九月、メキシコのビセンテ・フォックス大統領だった。ブッシュがテキサス州知事、フォックスがグアナフアト州知事だったころから二人は懇意で、フォックス大統領は半年早く大統領に当選した。ブッシュ大統領は就任一ヵ月後、メキシコに初外遊したが、ともに牧場をもち、牧場にいることが最大の楽しみという二人はウマが合った。

個人的関係だけでない。両国はカナダを含め北米自由貿易協定（NAFTA）を結ぶ重要な経済的パートナーだった。ブッシュ大統領にはメキシコの大統領を最初の国賓として招く政治的計算もあっただろう。米国内でヒスパニック系の有権者は二〇〇〇万人を超え、〇三年には黒人を抜いて最大のマイノリティーになる。最初の国賓にメキシコ大統領を迎えることは、ヒスパニック系に対するシグナルでもあった。

九月五日、訪米したフォックス大統領の歓迎宴が開かれた。招待客は一三六人。ブッシュ大統領は歓迎のスピーチで、両国が歴史的に緊密な関係に終始あったことを称えた。

フォックス大統領は用意したペーパーは読まず、即興で「われわれ二人はカウボーイ・ブーツを履き、牧場にいくことを最大の楽しみにしている。それだけではなく、あっと驚くようなことが起きるのを楽しむ癖がある」と語り、笑いを誘った。

〈料理〉
メリーランドのカニとチョリソ、夏野菜の取り合わせで
バイソンの衣揚げ、マッシュポテトと豆の煮込みをリンゴのソースで
黄色と赤のトマトのサラダにサヤエンドウを添えて、シェリーのドレッシングで
マンゴとココナツのアイスクリーム、ドーム型ピーチとともに、チリペッパーソース
　とテキーラ味のクリームで
〈飲物〉
ミ・スエノ・シャルドネ　カルネロス99年
シェファー・カベルネ・ソーヴィニヨン　ヒルサイド・セレクト94年
クレマン　シュラムスバーグ97年

ブッシュ大統領とローラ夫人は、事前にウォルター・シェイブ料理長に料理を作らせ、試食した。メインは司大統領の要望でバイソンになった。チョリソ、チリペッパー、テキーラなど、メキシコの食材、香辛料がアクセントに使われた。

前菜に合わせたカルネロスは、メキシコ移民がカリフォルニア州ナパ渓谷で造っているシャルドネ種の白で、ワイナリーの名前のミ・スエノはスペイン語で「私の夢」の意。招いた首脳の国の移民が米国内で造るワインを出すのは、ホワイトハウスの流儀となっている。バイソンの衣揚げには、やはりナパ渓谷のカベルネ・ソーヴィニョン種の赤をもってきた。デザート用のクレマン（スパークリングワイン）のワイナリーであるシュラムスバーグの名前は、一八六二年にナパ渓谷でワイン造りを始めたドイツ移民ジェイコブ・シュラムにちなむ。米国における高級スパークリングワインの草分けである。食事のあと、両大統領夫妻と招待客はイーストルームに場所を移し、ソプラノの独唱を楽しんだ。最後はダンスパーティーとなり、ラテンアメリカやメキシコのバラードが奏でられた。

この六日後、フォックス大統領の「われわれはあっと驚くようなことが起きるのを楽しむ癖がある」という言葉は、9・11という、楽しむことを許さない圧倒的な形で実現した。

饗宴はすべて「テロとの戦い」のために

9・11はホワイトハウスの饗宴外交にも大きな影響を及ぼした。「テロとの戦い」に忙殺されたブッシュ大統領には、饗宴を開く余裕がなくなったからだ。特に最高の儀礼をもって迎える儀式性の高い国賓の訪問は必要最小限度に限定された。一期目にもたれた国賓晩餐会はわずか四件。最初のメキシコのほかは、ポーランド、フィリピン、それにケニアの大統領だけ。しかも9・11以降に招いた三ヵ国はすべて、米国が進める「テロとの戦い」や対イラク武力行使で、強く米国を支持している国。選別的に招いたことは明らかだった。

〇二年七月一七日、ポーランドのクワシニエフスキ大統領夫妻の国賓歓迎晩餐会が開かれた。ブッシュ大統領夫妻は前年〇一年の夏、ポーランドを訪問しているが、クワシニエフスキ大統領夫妻を米国に招いたのは、その答礼という形をとりながらも、対イラク武力行使を念頭においた外交的布石の意味合いが強かった。

9・11を受けて、米軍はアフガニスタンのタリバン政権を崩壊させ、カルザイ議長を中心とする暫定政権を発足させた。さらに米国はイラクのサダム・フセイン政権打倒に照準を合わせはじめた。これは9・11で生まれた米欧連帯に亀裂を入れた。西欧は米国の対イラク武力行使を支持する英国、スペイン、イタリアと、反対するフランスとドイツに割れた。

東欧はどうだったか。冷戦時代、旧ソ連の事実上の支配下に置かれていた東欧諸国は、安全保障の最後の砦として米国を頼りにした。それもあって、対イラク武力行使を是認する空気が強かった。なかでも〝一二〇％親米〟といわれたのがポーランドである。米国には九〇〇万人のポーランド系住民がいる。ブッシュ大統領には、ポーランドの大統領を優先的に国賓で招くことで、対イラク武力行使で同国の支持を確実なものにし、欧州全体の重心軸を親米にもってくる、そんな計算があったはずである。

晩餐会の招待客は一三〇人。バーバラ・ミクルスキ上院議員、カーター大統領補佐官だったブレジンスキー氏、大リーガーのスタン・ミュージアル選手ら、ポーランド系米国人が多数招かれた。一〇人掛けの円形テーブルが一三並び、それぞれにポーランド国旗と同色の、赤と白のテーブルクロスがかけられた。テーブル中央には赤のガーベラ、ピンクのバラが飾られた。ローラ夫人の選択だった。

ブッシュ大統領は歓迎スピーチで「ポーランドの自由への希求は、ソ連という悪の帝国を崩壊させ、全世界に自由を広げる契機を作った」と賞賛。クワシニエフスキ大統領は「ポーランド国民は自由を獲得するにあたって、どれだけ米国が力になってくれたか知っている」「われわれの仲は、まさかの時に頼りにならない関係ではない。テロとの戦いが何十年かかろうと断固として戦い抜く」と語った。米国には心強い言葉だった。

メニューは次のようなものだった。

〈料理〉
ブラックバスのレモンとバジル風味、アーティチョークと若カボチャのローストをトマトソースで
コウベ牛フィレのステーキ、新鮮なコーンのポレンタに、グリルしたマッシュルームと夏野菜、エシャロットのソースで
オレンジとアボカドのサラダ、ポテトのカリカリ揚げをドレッシングで
洋梨とサクランボを添えた、ショウガとアーモンドのアイスクリーム
〈飲物〉

ロバート・ペコタ　ソーヴィニョン・ブラン00年
スタッグス・リープ・ワインセラー　〝フェイ〟カベルネ98年
ボニー・ドゥーン・マスカット　ヴァン・ド・グラシエール00年

ステーキ、エシャロットを刻んで入れたソース、コーンなど、ブッシュ大統領の地元テキサス州の香りを感じさせる料理だ。ポレンタは新鮮なコーンを粉状にし、コーンジュースでこねて、団子にして茹でたもの。コウベ牛はテキサス州で神戸牛を真似て肥育した高級牛。アボカドはブッシュ大統領の大好物である。

前菜のブラックバスには、ロバート・ペコタ社がナパ渓谷で栽培しているソーヴィニヨン・ブラン種で造った白。レモンとバジル風味に合わせた。主菜の牛フィレには、スタッグス・リープ社がカベルネ・ソーヴィニョン種から造ったナパ渓谷の赤。オーナーのワレン・ウィニアルスキ氏の祖先は、一九世紀にポーランドからやってきた移民で、当然これを念頭に置いたセレクションである。同社は七六年、パリで行われたブラインド・テイスティングで、並みいるボルドー、ブルゴーニュ両地方のトップワインを押しのけて最高栄誉に輝いた。ワイナリー設立わずか三年目だった。

デザートに合わせたヴァン・ド・グラシエールは、霜で凍ったマスカット種を搾って造る甘口のアイスワイン。ただ、カリフォルニアでは気候的に造れないので、クリオ・エキストラクションという特別製法でブドウを凍結させて造っている。ボニー・ドゥーンはカリフォルニアで注目されている生産者。ワインのセレクションを見ても、ホワイトハウスの力の入れようは明らかだった。

ジャズ愛好家のクワシニエフスキ大統領のため、食後はジャズ歌手のバネッサ・ルービンの歌を楽しんだ。最後の一曲は「ゴッド・ブレッス・アメリカ」。そしてダンスパーティーへなだれ込んだのだった。

ポーランドとの関係強化は、米国にとっては重要な外交的支点となった。イラク戦争前、ポーランドのミレル首相は、英国、スペインなど欧州八ヵ国首相と、対イラク武力行使も辞さない米国の姿勢に支持を表明した。開戦直前の三月には特殊部隊二〇〇人を派兵し、開戦後は戦闘に参加した。戦後、米国はイラクを三分割し、その一つで国際治安部隊の指揮権をポーランド軍に委ねたが、それは米国支持の褒賞でもあった。

戦争への貢献度で、態度はくっきり

〇三年三月二〇日にはじまったイラク戦争は、米軍が二一日で首都バグダッドを制圧し、五月一日、ブッシュ大統領は大規模戦闘の終結を宣言した。この直後からアジア、大洋州の首脳が相次いで訪米し、ブッシュ大統領と会談している。まず豪州のハワード首相（五月三日）、シンガポールのゴー・チョクトン首相（六日）、韓国の盧武鉉大統領（一四日）、フィリピンのアロヨ大統領（一九日）、そして小泉首相（二三日）。

興味深いのは、各首脳に対する米国のもてなしの違いだった。親しい首脳だけが招かれるブッシュ大統領のクロフォードの私邸兼牧場には、ハワード豪首相と小泉首相の二人が招かれた。アフガニスタン戦争やイラク戦争における両国の貢献に対する高い評価の表れである。日本はアフガン戦争でインド洋にイージス艦と給油艦を派遣し、各国艦船に給油。豪州はアフガン、イラク両戦争に派兵し、米国の世界戦略を分担した。

ホワイトハウスでの会談はシンガポールのゴー・チョクトン首相と、韓国の盧大統領だった。ブッシュ大統領はゴー・チョクトン首相と、自由貿易協定（ＦＴＡ）の調印式を行った。米国がイラク戦争に反対したチリとのＦＴＡ締結を無期延期していたことを考えると、対イラク武力行使を容認し、アフガン、イラク両戦争でも米艦船の寄港地を提供したシンガポールに対する米国の評価がうかがわれた。

最もそっけない対応が盧大統領で、会談時間はわずか三〇分。盧大統領はこの年の二月に就任し、初訪米だった。しかもイラク復興支援に派兵を決め、一〇〇〇万ドルの難民支援を決めたのに、である。恐らく、盧大統領が選挙中、対米関係の見直しを公言し、反米的な市民運動に理解を示したことや、アメリカが「悪の枢軸」と位置づける北朝鮮に融和姿勢をとっていることが、アメリカの神経を逆なでしたのだろう。

フィリピンのアロヨ大統領が国賓で招かれたのは、「テロとの戦い」での対米協力を、米国が高く評価したことの表れである。フィリピンのイスラム過激派アブサヤフの掃討作戦を合同で実施し、相互補給支援協定を結んだ。またアロヨ大統領は、米国の対イラク武力行使を全面的に支持した。この際立った突出ぶりには、対米関係をテコに政権求心力を確保したい比大統領の思惑もあった。

五月一九日、歓迎晩餐会がもたれた。スピーチでブッシュ大統領が「アロヨ大統領は米国が信頼する最良のパートナーの一人だ」と持ち上げると、アロヨ大統領は「友が危機にあるとき、他方がたずねるのは『どうしたの』ではなく、『どうして欲しいか』です」と答礼スピーチで述べた。

招待客は一三〇人。メニューは次のような内容だった。

〈料理〉
メインのホタテと、スモークしたマス、メリーランドのカニ、ガスパッチョとともに
ベルウェザー牧場の仔羊、コーンのポレンタとソラマメ、アミガサ茸を添えて
アボカド、トマト、テキサス産の山羊のチーズのテリーヌ、カラマンシーのドレッシ
ングで
マンゴのシャーベットとココナッツのムース、パイナップルのケーキとともに
〈飲物〉
プライド・マウンテン・ヴィオニエ01年
デュモル・ピノノワール　〝フィン〟00年
クレマン　シュラムスバーグ99年

前菜に合わせたプライド・マウンテン社の白ワインは、カリフォルニアのナパ渓谷に隣接するソノマ地区のヴィオニエ種。メインにもってきたデュモル社のピノノワール種

の赤ワインもソノマ地区。スパークリングワインのシュラムスバーグはメキシコ大統領の時にも出された。食事のあと、コベントガーデンやスカラ座の舞台にも立ったヴォーカリストのスーザン・グラハムと、ピアニストのブライアン・ゼガーによる独唱と演奏が行われ、招待客は春の宵の音楽会を楽しんだ。イラク戦争直後、ブッシュ大統領にとっては最絶頂期でもあった。

フィリピン系女性が新料理長に

ブッシュ大統領が再選を果たして一ヵ月経った〇五年二月、秘書を通じ、ローラ夫人が短いコメントを発表した。

「料理長のウォルター・シェイブ氏は新たな可能性を追求するために、ホワイトハウスを去ることになりました」

事実上の更迭だった。ホワイトハウスの厨房で一一年間、料理長として二〇数人の料理人の指揮をとったシェイブ氏は米紙にこう語っている。

「大統領夫妻から料理を変えてほしいとの要望があり、何回か試しましたが、満足してもらえませんでした」「私がヒラリー夫人に採用されたことも、ローラ夫人としてはやりにくかったのかも知れません」

シェイブ氏はクリントン大統領が就任した翌年の九四年に、ウェストバージニア州のホテルの料理長からヘッドハンティングされた。それまでのフランス人料理長は、ヒラリー夫人の「脂肪分を控えたヘルシーな料理を」との要望に応えられず更迭された。シェイブ氏は野菜や穀類を多く使った米国のカントリー料理を得意とし、ヒラリー夫人のおめがねにかなったが、肉類が大好物のブッシュ大統領夫妻には物足りなかったようだ。

二期目の節目に、饗宴スタイルを一新したい思いもあったのだろう。

しかし、後任の料理長はなかなか決まらなかった。何人もの名前が浮かんでは消え、最終的に決まったのは半年後の八月、ホワイトハウスの女性の副料理長だったクリステイータ・カマフォードさんだった。

カマフォードさんは六二年、マニラで生まれた。一一人兄弟の下から二番目で、父は小学校の校長、母は服の仕立をしていた。ケソンの大学で栄養学を学んだ後、二〇代はじめのとき、両親とともに先に渡米していた兄弟を頼ってシカゴに移住。地元のホテルで働いた後、ウィーンで正式にフランス料理を学び、再び米国に戻って、ワシントンのレストランに雇われた。そのとき、彼女の腕を聞いたシェイブ氏が自分の片腕としてホワイトハウスに引き抜いたのだ。九五年のことだった。

ホワイトハウス初の女性料理長で、しかもフィリピン系のマイノリティー（米国のフィリピン系は約二四〇万人）。多民族国家の米国で、この指名がもつ政治・社会的意味合いを大統領夫妻は当然計算していただろう。抜擢直前の〇五年七月一八日、大統領夫妻は米国を公式訪問したインドのマンモハン・シン首相夫妻の歓迎晩餐会をカマフォードさんに任せている。

メニューは次のような内容だった。

〈料理〉
アスパラガスのスープの冷製、レモンクリームと
大カレイのロースト、ショウガと人参バターで、ピスタチオと干しブドウの入ったバスマティ米、夏野菜を添えて
レタスのサラダ、柑橘類のドレッシングで
マンゴとチョコレート・カルダモン、カシューナッツ、アイスクリーム
〈飲物〉

シャペレ・シャルドネ〝ナパ・ヴァレー〟03年
ハートフォード・コート・ピノノワール〝アレンデル〟02年
メール・ソレイユ〝レート〟01年

カマフォードさんのスタイルは、エスニックと米国料理のフュージュン（融合）にある。これも米国、スペイン、中国、マレーなど多様な文化が交じり合うフィリピンで育ったことと関係があるかも知れない。シン首相は肉類を食べないので主菜は魚で、ショウガや干しブドウなどインドにもなじみの香辛料、食材のほか、つけ合せにインドのバスマティ米を使った。

前菜に合わせたシャルドネ種の白は、ナパ渓谷の著名ワイナリー、シャペレ社。ナパのワイナリーとしては古い。メインに合わせた赤は、ソノマ地区のハートフォード・コート社のピノノワール種。デザートワインの甘口のメール・ソレイユも含め、ワインはすべてカリフォルニア産だ。

シン首相の訪米は、米印関係の転機を画する重要なものだった。米国は民生用原子力分野での協力を打ち出し、七四年のインドの核実験以来、米国が貫いてきたインドの核保有を認めないとの政策を転換した。そこには中国の台頭を念頭に、インドと戦略的関係を構築していこうとのブッシュ大統領の狙いがあった。同首相が米連邦議会で演説を行う機会を設けたことにも、米国の厚遇ぶりが現れていた。

小泉首相、最後の訪米

〇六年六月二八日、小泉首相が訪米した。米国との関係を重視し、アフガン戦争とイラク復興支援で対米協力に積極的だった同首相は九月に退任する。この最後の訪米に、ブッシュ大統領は最高のもてなしをもって迎えた。

晩餐会当日の翌二九日昼すぎ、ローラ夫人は記者団に、会場のステート・ダイニングルームに準備されたテーブルセッティングを披露した。ローラ夫人が事前説明を行うのは、重要な首脳を招くときに限られる。一〇人掛けの丸テーブルが一三。夫人好みのグリーンのテーブルクロスがかけられ、各テーブルの中央には白いランが飾られていた。壁際には、国立樹木園から運び込んだ見事な大振りの盆栽が三つ。「小泉首相は元首ではありませんが、わたしたちは国賓並みのもてなしをします」「料理も二週間前に夫と試食しています。素晴らしい料理ですよ」。ローラ夫人は料理長のカマフォードさんを伴って、メニューを紹介した。

〈料理〉
メリーランドのカニのスープ、フィッシャー島の牡蠣とともに
テキサスのコウベ牛、黒コショウ、椎茸のソースと、コーンのピラフ、ゴマを振りかけたアスパラガスとともに
刻みキュウリ、レモンドレッシングで
ボンサイガーデンとアーモンドパフェ、キンカンとサクランボ添え

〈飲物〉
クロ・ペガス・シャルドネ〝ミツコ・ワイナリー〟04年
リッジ・ジンファンデル〝リットン・スプリング〟04年
アイアン・ホース　クラシック・ヴィンテージ　ブリュット00年

「料理は米国と日本のマリアージュです。日本料理は季節感を大事にしますので、米国の旬の素材でもってそれを表現しました」と料理長。記者団から声が上がった。「コウ

べ牛は米国産ですよね」。日本が狂牛病問題で米国の牛肉を輸入禁止にしていることを念頭に置いた質問だった。「もちろんです。テキサス産です」とローラ夫人。

この日、両首脳はお土産を交換した。小泉首相はスポーツファンのブッシュ大統領に自転車と、日本で発売されたベーブ・ルース記念切手の拡大版を贈った。ブッシュ大統領は五〇年代の古いジュークボックスを小泉首相にプレゼントした。当時の流行歌四五曲が入っており、このうち二五曲が首相がファンというエルビス・プレスリーだった。

ローラ夫人がそのときの様子を披露した。「小泉首相はさっそくその場で操作して、最初に『I want you, I need you, I love you』をかけ、首相と大統領は一緒に歌っていました」。どっと笑い声が起きた。

招待客は一三四人。スピードスケートショートトラックのアポロ・オーノ、フィギュアのクリスティ・ヤマグチ、運輸長官のノーマン・ミネタなど各界の日系人も招かれた。歓迎スピーチで、ブッシュ大統領は「私はあなたと似た人を知っています。あなたのように長い髪をもち、あなたのように人々の前で歌い、あなたのように世界中から尊敬されたその人。それはエルビスです」と述べ、笑いを誘った。答礼スピーチに立った小泉首相。「断固として自由と正義を守るブッシュ大統領がある人のイメージと重なります。

それはゲーリー・クーパー」。再び笑いが起きた。

乾杯にも使われたクロ・ペガスのシャルドネ種の白ワインは、「ミツコ」という名前の通り、オーナーのヤン・シュレム氏の夫人が日本女性であることから選ばれたのだろう。同氏はカリフォルニア大学在学中の一九五五年に来日、そこでミツコさんと出会って結婚した。出版業で成功するが、ワイン好きのミツコ夫人の影響で、一九八四年にカリフォルニアでワイン造りに転身。今では高い評価を受ける造り手となっている。

ジンファンデル種の〝リットン・スプリング〟は、キーウィやピーチなど果物の風味があり、コウベ牛のコショウ風味とも相性はいい。デザートに合わせたアイアン・ホースは、カリフォルニア随一のスパークリングワインである。

食事のあと、一同はイーストルームに場所を移して、ブライアンセッツァー・オーケストラの演奏を聞いた。興に乗って、米国在住の日本人のウェスタン演奏家が小泉首相のリクエストで演奏をはじめた。翌日、ブッシュ大統領夫妻は首相を案内して、プレスリーの生まれ故郷メンフィスに行く予定になっていた。午後一〇時、頃合とみたブッシュ大統領は舞台に上がると、マイクをとって言った。「ベッドに入る準備はできていますか」。

第9章

復活を告げるロシア

初のサミット主催で意欲満々
（サンクトペテルブルグで行われたサミット最終日の集合写真。2006年7月17日）

ロシアが主催した初のサミット

ロシアは二〇〇六年七月一五日から一七日までサンクトペテルブルグで主要国首脳会議（サミット）を開いた。ロシアがG8の正式メンバーになって、サミットを主催するのは初めてだった。原油価格の急騰でロシア経済も絶好調。世界におけるロシアの存在感を示す絶好の機会だった。

公式討議を翌日に控えた一五日夜、サンクトペテルブルグ郊外のペテルゴフにあるピョートル宮殿（夏の宮殿）で夫人同伴のオープニング晩餐会が開かれた。ピョートル宮殿は一八世紀に建てられた豪華な建物で、一四七もの噴水がある。

夫人を同伴した首脳は、主催国のロシアのほか、米、英、仏、加、伊、それに欧州連合（EU）のバローゾ委員長（ポルトガル）の七人。独身の小泉首相と女性のメルケル独首相を除くと、妻帯者全員が夫人連れで訪露した。

サミットでこれだけの首脳夫人が揃ったのは珍しい。欧州とロシアの結節点で、欧州や米国からさほど遠くないという地の利もあったろうが、街自体が壮大な美術館でもあるサンクトペテルブルグの魅力が大きくものを言ったのは間違いない。

車寄せから宮殿の入り口まで、二〇〇メートルもの長い回廊がある。国旗をはためかせたリムジンが次々に到着しては、ドレスに身を包んだ夫人を、タキシード姿の首脳たちがエスコートして歩いていく。フィンランド湾から吹き付ける強い風が夫人たちの髪を乱し、ハイヒールによろめく夫人も。それを宮殿入り口でプーチン大統領とリュドミラ夫人が待ち受ける。ロシア皇帝に拝謁を求める諸侯といった図でもあった。

バロック様式の「舞踏の間」で食前酒が振舞われた。シャンデリア、大きな鏡、金細工の彫刻、木目の床。豪華な空間に、くつろいだ首脳らの笑い声が響いた。主役はホストのプーチン大統領だったが、その次の主役はプロディ伊首相。六日前、ベルリンで行われたW杯サッカー決勝戦で、イタリアがフランスを破って勝利したことに祝福が集まった。しばらくして一同は別の広間に移動した。

メニューは次のような内容だった。

ラングスティーヌのゼフィール

ホロホロ鳥のフィレのロティー、木苺ソースで

ホットケーキに乗せたキャビア、苺添え

スチェルリャジ、ペテルゴフ風

ノロのストロガノフ、トリュフソース、キクイモのピューレ添え
エストラゴンと洋梨のソルベ
黒コショウ、バルサミコソースの苺

スチェルリャジは小型のチョウザメ。ノロは鹿の一種。魚卵、魚、鳥、鹿と、さまざまな食材を使った、ワイルドなロシア料理の典型である。先進国では饗宴料理は、品数を減らし、簡素化、ヘルシー志向だが、ロシアは独自のスタイルを堅持している。まずラングスティーヌ（ヨーロッパアカザエビ）、そしてホロホロ鳥のあとにチョウザメをもってきて、鹿肉でしめるという流れも独特だ。日米欧では魚と肉を一品ずつ出すことはあっても、ラングスティーヌとチョウザメ、鳥類と鹿肉、と重複して出すことはあり得ない。

飲物はワインで、銘柄は明らかにされていないが、私が聞いたところではイタリア、フランスのものが出された。ソ連時代からクレムリン宮殿の饗宴では、グルジアのワインと決まっていた。南部ロシア・コーカサスの太陽をたっぷり浴びた、どっしりと重く濃厚なワインは、洗練されていないが、ワイルドなロシア料理と合う。しかしこの年の

三月、ロシアはモルドバのワインとともに、グルジアワインを輸入禁止にした。「衛生管理に問題がある」というのが理由だが、これは表向きのこと。グルジアとモルドバが親米欧・反ロシアの立場を強めていることへの報復だった。

晩餐会を終えて真夜中近く、プーチン大統領がプレスセンターに現れ、会見した。イスラエル軍によるレバノン攻撃、イランの核開発問題など、サミットの焦点について約三〇分間、記者団の質問に答える大サービス。サミット期間中、同大統領は三回もの会見を行うが、これは極めて異例のことだった。

ロシアはこのサミットのために米国の広告会社ケッチャム社と契約し、プレスセンターの立ち上げから、広報の仕切りまで一切を任せた。同社の采配で、ロシア外務省の広報官が米国のプレスセンターにわざわざ出かけていってブリーフィングも行った。ロシアが世界の目を意識し、よきイメージを発信することにいかに神経を注いでいたかを窺わせた。

ある米国の専門家は「冷戦終結で超大国の位置を滑り落ちたロシアは、このサミットによって超大国として復活を告げた」と指摘したが、サミット期間中、プーチン大統領は先進七ヵ国首脳を束ね、世界の諸問題を調停するキーマンとして自らを打ち出した。

しかも豊富な原油資源と高価格を武器に、経済は自信に満ち、隆々たる勢いを持続している。金融危機に見舞われた九八年、取り付け騒ぎが各地で起きたことが幻のようだ。九〇年代、国内問題に精力を削がれ、弾道弾迎撃ミサイル（ＡＢＭ）制限条約や人権問題、通商政策で米国に押しまくられていたときの姿もどこにもなかった。

グルジアワインに代わって、西側のワインを使うようになったことは一つのエピソードに過ぎない。しかしサミットがロシアの復活を告げるものであるなら、ワインの交代に象徴的意味合いを重ねることも可能だ。

それは饗宴の飲物の「世界標準化」である。洗練されたワインを供することこそ超大国の資格、という認識だ。グルジアワインの禁輸はサミットとは直接関係ない出来事だが、この偶然の機会をとらえた西側ワインの導入は、超大国にふさわしい装いを饗宴に付加することになるとロシアは考えたのではないか。

今後、禁輸が解けたとき、ロシアは再びグルジアワインを饗宴に登場させることがあるだろうか。少なくとも晴れやかな公式の饗宴の場に出すとは思えない。中国でもかつてはアルコール度数の高い蒸留酒が饗宴の飲物だったが、いまではワインがとって代わった。世界標準化は饗宴の世界でも一つの流れなのである。

ファーストレディーたちの昼食会

サンクトペテルブルグに勢ぞろいした七人のファーストレディー。ロシアはそのもてなしにも知恵を絞った。美術館や工芸品工房の見学、コンサート鑑賞などのほか、異色の企画としてサンクトペテルブルグ大学で、学生や専門家も参加して、教育問題についての討論会を開いた。

教育問題はサミットの議題の一つだったが、ローラ米大統領夫人は元小学校教師、フラビア伊首相夫人はボローニャ大学で社会学を講義する現役教授ということも議論を活発にした。ファーストレディーたちは自分の子どもをどう育てたか、理想的な教師像などについて積極的に発言した。

一六日昼、コンスタンチノフ宮殿で、リュドミラ・プーチン夫人主催の昼食会がもたれた。ファーストレディー七人と、ロシア側から詩人、映画監督、オペラ歌手、フィギュアスケートのコーチら、女性の数と見合う文化・芸術関係の男性七人が招かれた。メニューは次のようなものだった。

魚の煮こごり三種
パンの器に入れたボルシチ
ロシア風の水餃子
チョウザメの焼きもの
ロシア風パンケーキとキャビア
野生イノシシのステーキ
洋梨のソルベ

ここでもチョウザメやイノシシなど、山海の食材を使った豪華な料理が、食べきれないほど出された。ワインやウォッカをやりながら、座は映画やオペラ、音楽などの話題で盛り上がった。男性らは選ばれただけあって、サービス精神も一流だった。ジョークを飛ばし、ファーストレディーたちを笑わせた。ボルシチが出されたとき、映画監督がウォッカのグラスを掲げ、「七人の美しい女性たちに乾杯しよう」と提案した。

ローラ夫人が「男性に杯を上げて祝福されるのは初めて。私の夫はアルコールを飲まないから」と笑わせると、シェリー英首相夫人が「我が家は男女平等ですから、美しいだけで女性をもちあげることはしないわ」と男性陣をからかった。「でもせっかくだから祝福を受けましょうよ」とマルガリータ・バローゾEU委員長夫人がワイングラスを上げると、男性らが「美しき七人のために」と声を揃えた。

首脳の中で最多一七回目のサミット出席となるシラク仏大統領のベルナデット夫人が「毎年、サミットを迎えるのが楽しみです」と言い、「サミットが終わるとバカンス、と体が覚えていますからね」と笑わせた。「どこに行くのですか」と声が上った。「フランスの海岸でのんびり過ごします」と夫人が応えると、横にいた詩人が「ボクはトルコの海が好きですね。一度、トルコでバカンスを過ごされたらいいですよ」と勧めた。

社交上手なファーストレディーたちと、話題豊富でサービス精神に溢れた男性たち。座の笑いは尽きることがなかった。男たちはウォッカをやり、ファーストレディーたちはワイングラスを傾けた。ここでもフランスとイタリアのワインが出されたが、気がついた人はどのくらいいただろうか。

小渕首相が食べたロシア料理

ついでに日本の首相がロシアで受けたもてなしも一つ紹介しておこう。エリツィン大統領時代の九八年一一月、小渕首相がモスクワを訪問している。日本の首相としては二五年ぶりのロシア公式訪問で、北方領土問題の進展が図れるかが最大の焦点だった。
一二日、クレムリンで首脳会談が行われ、その夜に大統領主催の晩餐会が開かれた。しかしエリツィン大統領は健康問題で欠席し、饗宴のホストはプリマコフ首相が務めた。そのメニューである。

キノコを詰めたロシア風重ねパイ
ホットケーキとキャビア
ニジマスのゼリー寄せ
クルミと七面鳥のロール巻き
キノコのサリャンカ
海老と川スズキのフィレのグリル
リンゴと鶏肉の合わせ料理
木の実のアイスクリーム

キノコ、リンゴ、木の実など、季節の食材を使った典型的なロシア料理だ。五品目のサリャンカはロシア風スープ、川スズキは地元でスダクと呼ばれる淡水魚。ここでもニジマスと海老とスズキ、七面鳥と鶏肉と、魚介、肉が多種多様に出されている。

ただ豪華な饗宴も肝心のホストが欠席しては画龍点睛を欠く。同大統領は小渕首相の直後訪露したシュレーダー独首相、江沢民中国国家主席の歓迎宴も欠席しており、この頃、健康が相当に悪かった。八月に発生した金融危機も主導権の衰えに拍車をかけた。

小渕首相がモスクワを離れる一三日、日露はモスクワ宣言を発表したが、ロシアから領土問題で前向きの回答はなかった。同大統領は九九年春に来日するとの約束も先延ばしし、結局、同年一二月末にプーチン首相を大統領代行に指名して辞任した。

訪仏でプーチン大統領が受けた厚遇

ロシアのプーチン大統領が二〇〇〇年一〇月二九日から一一月一日まで、EUとの定期首脳会議のためパリを訪問した。EU・ロシア定期首脳会議は毎年、行われているが、このときの焦点はEU議長国フランスのシラク大統領との顔合わせだった。

エリツィン大統領を引き継いだプーチン大統領代行は三月の大統領選挙で当選し、五月に就任した。四月には早々と訪英してブレア首相と会談し、六月にはイタリア、ドイツ歴訪と、積極的な対欧州外交を展開した。ただフランスだけは訪問せず、シラク大統領の招待を無視した。チェチェン紛争でロシア軍が人権侵害をしていると、フランスが声高に非難していることへの意趣返しだった。

二〇〇〇年七月の九州・沖縄サミットでは、今度はシラク大統領がプーチン大統領の個別会談の申し出を断わった。サミット期間中、二人は握手をせず、饗宴ではグラスを合わすことも避けた。そんな両国にとって、EU・ロシア定期首脳会議は、互いに面子をつぶさずに会う格好の機会だった。

会談でシラク大統領は「武力行使はチェチェン紛争の解決につながらない」と持論を繰り返した。ロシア側も、EUとの共同宣言に「チェチェン紛争を政治的に解決することの必要性と緊急性で一致した」との文言を入れることに同意した。しかし共同記者会見では、プーチン大統領は「政治的解決は探らねばならないが、テロリスト、原理主義者とは交渉しない」と述べ、ロシアの従来からの立場は不変であると強調した。

その夜エリゼ宮で約一〇〇人が招かれ、歓迎晩餐会が開かれた。そのメニューである。

〈料理〉
野菜と牛肉のコンソメスープ
ホタテと養殖牡蠣の合わせ料理
若鶏のロティー、カナッペ添え
ポテトのチーズ焼
チーズの取り合わせ
アイスクリーム
〈飲物〉
コルトン・シャルルマーニュ95年
シャトー・パルメール88年
シャンパン　ラ・グランド・ダム・ド・マム90年

これまでの両国の冷却した関係から考えると、異例の手厚いもてなしである。まず料理。エリゼ宮では前菜、主菜各一品がふつうで、スープが付け加わることは稀だ。さらに前菜に合わせたコルトン・シャルルマーニュは、ブルゴーニュ地方の最高級格付けの白ワイン。主菜に合わせたシャトー・パルメールはボルドー地方メドック地区の格付け第三級の赤ワインだが、実力はそれ以上の評価を受けている。またシャンパン好きで知られるロシア人を意識してか、マム社の最高の銘柄だ。

関係正常化へのフランス側の意欲は、饗宴内容に窺える。チェチェン紛争をいつまでも対露関係の主要懸案にすることの外交的マイナスを考えたと思われる。チェチェン問題を除けば、多極化世界の構築、国連機能強化、米本土ミサイル防衛網（ＮＭＤ）への反対など、フランスとロシアの利害は多くの分野で一致する。ロシアに厳しい世論をなだめるため、晩餐会のスピーチでシラク大統領はチェチェン紛争に触れたが、それ以上の保障措置を求めず、仏露協調を優先する姿勢をにじませた。

滞在中、パリ市内ではチェチェン紛争の抗議デモが連日もたれたが、プーチン大統領一行から遠ざけられた。同大統領は会談の合間にセーヌ川の遊覧船観光、ルーブル美術館巡り、ロシア革命当時フランスに亡命したロシア人墓地での慰霊などを精力的にこなした。仏露両国はこれ以後急速に接近し、イラク戦争では武力行使反対のスクラムを組むことになる。

一二九年ぶりの訪英

プーチン大統領が英国を国賓として訪れたのは、イラク戦争が終わった直後の〇三年六月だった。英国がロシアの元首を国賓として受け入れたのは一八七四年のアレクサンドル二世以来、実に一二九年ぶりだった。

両国の不和はロシア革命直後の一九一八年、英王室の親戚にあたるロシア皇帝ニコライ二世とその家族が処刑されたことにさかのぼる。英国は以来、ソ連と外交慣例の国賓訪問を絶った。一九五〇年代、ソ連のフルシチョフ共産党第一書記が英国を公式訪問した際、会見したエリザベス女王に「女王は共産党が嫌いです。我々は資本主義が嫌いです。唯一できることといえば平和的に共存することです」と言っている。この関係に終止符が打たれたのは、ソ連崩壊後の九四年、エリツィン大統領のときだった。エリザベス女王が初めて国賓として訪露し、エリツィン大統領は初めてのブラックタイで晩餐会にのぞんで話題となった。

プーチン大統領は六月二四日から二七日まで国賓として滞在したが、英国はプロトコールに則って手厚く遇した。近衛兵による二一発の礼砲。六頭立て馬車のパレード。ウエストミンスター寺院にある無名戦士の墓での献花式。そしてその夜、約一五〇人を招いて歓迎晩餐会が開かれた。メニューは次のようなものだった。

〈料理〉
トゥール地方のポタージュ、トリュフ風味で
水煮したサーモンの輪切り、ムスリーヌ・ソースで
ひな鶏のポワレ、シャンパーニュ風味
サクランボの果実酒風味のアイスクリーム

〈飲物〉
シャサーニュ・モンラッシェ　レ・ヴェルジェ96年
シャトー・レオヴィル・ポワフェレ85年
シャンパン　ルイ・ロデレール・ブリュット90年

バッキンガム宮殿の饗宴は宮廷外交の伝統を受け継ぎ、食事はフランス料理、メニューもフランス語、ワインもフランス産である。白ワインのシャサーニュはブルゴーニュ地方の特級に次ぐ二番手。赤ワインもボルドー地方メドック地区の第二級の二番手。バ

ッキンガム宮殿では二番手のワインが最高レベルだからプロトコールにぬかりはない。注目されるのはシャンパンである。アレクサンドル二世はルイ・ロデレール社のシャンパンが大のお気に入りで、一八七四年の同皇帝の訪英時にも出されている。バッキンガム宮殿は今回、このことを念頭に、プーチン大統領にも出したのだろう。

エリザベス女王は歓迎スピーチで「両国間に意見の不一致がありながら確たるパートナーでいられることは、正真正銘の友人である証左でもありましょう」と巧みに両国関係の現状を形容した。両国は対イラク武力行使をめぐって対立したが、英国は、ＢＰ、シェルといった英系石油メジャーがロシアの石油開発に乗り出しており、対露投資額では世界の一、二位を争っていた。ブレア首相もプーチン大統領との会談でチェチェン紛争での人権侵害非難を避け、「チェチェンのゲリラは、イラク駐留の米英軍を攻撃するフセイン残党と同じだ」と述べた。

一二九年前のアレクサンドル二世の訪英時、英露関係は緊張していた。英国は南下政策をとるロシアとの間で、中央アジアの覇権を争う「グレートゲーム」を展開し、英領インドの安全保障に汲々としていた。ロシア皇帝の訪英は緊張に小休止を入れ、台頭するドイツ帝国に対して提携を模索する機会ともなった。しかし訪問から七年後、皇帝は暗殺され、ロシアは混乱の坂を転がり落ちていく。

プーチン大統領の伝記作家であるロシアのリリア・シェフツォーワ女史は「プーチンは寒い国からやってきた最後のスパイ。バッキンガム宮殿に受け入れられたことで、世界のメンバーズ・クラブの正式な仲間になった」と位置づける。アレクサンドル二世と異なり、現代のロシア皇帝は訪英によって、内外で権威をより確かなものとする機会を得たのだった。

懐かしい顔も集ったエリツィンの誕生祝い

引退していたエリツィン前大統領の七五歳の誕生日を祝う晩餐会が〇六年二月一日、クレムリン宮殿で開かれた。プーチン大統領が主催したもので、主賓の前大統領夫妻を中心に、前大統領と親しい三〇〇人が内外から招かれた。

クリントン前大統領（米）、コール元首相（独）、ルカシェンコ大統領（ベラルーシ）、ナザルバエフ大統領（カザフスタン）、クチマ前大統領（ウクライナ）、アカエフ前大統領（キルギス）。国内からはチェルノムイルジン元首相、ガイダル元第一副首相、チェロ奏者のロストロポービッチ氏……。ただゴルバチョフ元ソ連大統領の姿はなく、関係は冷たいままであることを窺わせた。

九九年一二月三一日に辞任し、ナイーナ夫人とモスクワで悠々自適の生活を送っていたエリツィン前大統領が、公的な場に姿を現したのは六年ぶり。体力も回復し、「政治は人を老いさせる。私は辞任して若くなった」と招待客を笑わせた。

クレムリン宮殿の「ゲオルギエフスキーの間」でもたれた晩餐会のメニューである。

洋梨のゼリー寄せに、カムチャツカのカニ肉
フォアグラのテリーヌ
新鮮な野菜とアザミ茸を詰めた雉のフィレ
チョウザメの皇帝風キャビア、アスパラガス添え
牛肉のメダイヨン、白キノコとベークドポテト
誕生日のケーキ

飲物はウォッカとツルコケモモのジュース。ワインは出なかった。ツルコケモモは消化にいいといわれ、ウォッカをやりながら料理を胃の腑に落とし、ツルコケモモで洗い

流すのがロシアの伝統だ。外国の招待客はいても、ほとんどが旧ソ連の共和国。ロシア流を貫いたのだろう。

食事中、招待客がスピーチに立った。プーチン大統領はエリツィン前大統領から辞任を打ち明けられたとき、「ロシアの面倒を見てくれ」と言われたと明かした。前大統領とコンビを組んだチェルノムイルジン元首相は「エリツィンは天使でなく、一緒に働くのは難しい人だった。しかし天使ではこの国は治められない」と言った。

乾杯の音頭をとったナザルバエフ大統領は「エリツィンの言うことを聞いていれば、ソ連が崩壊することはなかった。私は旧ソ連が再び一緒になるユーラシア同盟を夢見ている」と杯を上げた。クリントン前大統領は、自身が大統領に当選する直前の選挙戦中、訪米したエリツィン大統領が「あなたは礼儀正しい青年だが、大統領にはならないだろう」と〝予言〟した話を披露して笑わせた。ドイツのコール元首相は「エリツィン氏の功績はロシアに自由を与えたことと、旧東独からロシア軍を撤退させたことだ」と述べた。そして九一年のソ連のクーデターのとき、エリツィン氏が戦車の上に乗ってクーデター反対の先頭に立つテレビ映像を見て、ブッシュ大統領（現大統領の父）に「エリツィンを助けよう」と国際電話で話したことを明かした。

最後に主賓のエリツィン前大統領が立った。歯に衣を着せない率直さは相変わらずで、「クリントンとコールの両氏はロシアを助けたと言った。しかしクリントン氏の気分を害したくはないが、ロシアが困ったときに助けてくれたのはドイツだ」と言うと、会場は水を打ったように静かになった。

自身の後継者と目されていたチェルノムイルジン首相を罷免したことに触れ、「私は彼を切ったが、彼は今晩来てくれた。私が若い世代に道を開けようとしたことに同意してくれたと思う」と語ると、再びシーンとした。「皆さんありがとう。ここの席にいる皆さんは私が好きか、私を憎からず思っている人であると確信している」とスピーチを締めくくると、大きな拍手がわいた。

贅沢な食卓、招待客の賛辞と主賓の饒舌。誰もがこの夜がエリツィン前大統領の最後の華やかな舞台であることを感じ取っていたはずだ。ジャーナリストとして唯一、招かれたコメルサント紙の記者は、晩餐会の模様を長いルポにまとめた。その見出しは「エリツィンは自分の時代を締めくくった」だった。

おわりに

私が饗宴外交に興味をもったのは、パリ特派員のときである。エリゼ宮での大統領と外国首脳の会談を取材していて、会談に付属する饗宴が、実は「形を変えた政治」だと気がついたからである。

この時の経験は帰国してから『エリゼ宮の食卓』（新潮社）という一冊の本にまとめたが、本書では取材の対象を国際政治全体に広げ、テーマごとに各国首脳の饗宴外交を追ってみた。本書の元になったのは、九八年から会員制の月刊情報誌『フォーサイト』に連載している「饗宴外交の舞台裏」だが、それ以外の内容も盛り込んでいる。われわれが目にする外交の場での華やかな饗宴にも、その背後にはさまざまな人々の努力と営為があることを知っていただけたら嬉しい。

本書の執筆の過程では、各国の儀典担当者、料理人、外交官など多くの関係者から話をうかがった。とくに駐オランダ大使だった佐藤行雄（現・日本国際問題研究所理事長）、池田維（現・交流協会台北事務所長）の両氏には、天皇、皇后両陛下のオランダ訪問を中心とした日蘭関係の取材で多くの時間を割いてもらった。またワインやシャンパンの記述では、その分野の日本の第一人者である弁護士の山本博氏に有益な助言をいただいた。名前を特記しなかった人を含め、この場を借りてお礼を申し述べたい。『フォーサイト』の連載がはじまったときの担当編集者だった横手大輔氏には、今回もお世話になった。感謝している。

二〇〇七年一月

西川　恵

西川恵　1947（昭和22）年長崎県生まれ。71年に毎日新聞社に入社。テヘラン、パリ、ローマの各特派員を経て外信部長。現在は専門編集委員。97年、著書『エリゼ宮の食卓』でサントリー学芸賞を受賞。

Ⓢ新潮新書

204

ワインと外交《がいこう》

著　者　西川《にしかわ》 恵《めぐみ》

2007年2月20日　発行
2017年3月15日　6刷

発行者　佐　藤　隆　信
発行所　株式会社新潮社
〒162-8711　東京都新宿区矢来町71番地
編集部 (03)3266-5430　読者係 (03)3266-5111
http://www.shinchosha.co.jp

印刷所　大日本印刷株式会社
製本所　憲専堂製本株式会社

ISBN978-4-10-610204-2　C0231

価格はカバーに表示してあります。